班组长实战操作手册

滕宝红 主编

从理论到实战

化学工业出版社
·北京·

内 容 简 介

《班组长实战操作手册——从理论到实战》一书包括胜任本职工作、建设最好的员工队伍、严把产品质量关、打造零事故班组、妥善管理设备工具、保障交货期、有效控制班组成本7章内容，通过大量的实战案例对班组长管理过程中应注意的事项进行了提示，从理论到实战对班组长的工作进行了详细的解读。

图书在版编目（CIP）数据

班组长实战操作手册：从理论到实战/滕宝红主编. —北京：化学工业出版社，2020.10
ISBN 978-7-122-37406-6

Ⅰ. ①班… Ⅱ. ①滕… Ⅲ. ①企业管理-班组管理-手册 Ⅳ. ①F273-62

中国版本图书馆CIP数据核字（2020）第129568号

责任编辑：刘 丹 　　　　　　　　美术编辑：王晓宇
责任校对：李雨晴 　　　　　　　　装帧设计：水长流文化

出版发行：化学工业出版社（北京市东城区青年湖南街13号　邮政编码100011）
印　　装：大厂聚鑫印刷有限责任公司
710mm×1000mm　1/16　印张12¾　字数209千字　2020年11月北京第1版第1次印刷

购书咨询：010-64518888 　　　　　　　售后服务：010-64518899
网　　址：http://www.cip.com.cn
凡购买本书，如有缺损质量问题，本社销售中心负责调换。

定　价：58.00元　　　　　　　　　　　　　　　　版权所有　违者必究

前言

我国是制造业大国,却不是制造业强国。其中,工匠精神有待提高是一个非常重要的原因。工匠精神是一种职业精神,是职业素养、职业品格、职业道德、职业技能的综合体现,也是从业者的一种职业价值取向和行为表现。

作为企业最基层的管理者——班组长,就是要争做知识型、技能型、创新型带头人,弘扬劳模精神和工匠精神。

发展、创新,对于企业班组长来说是个挑战。只有通过不断地学习、不断地培训,才能打造高效基层团队、提升企业生产力。班组长是一线员工的直接组织者和指挥者,是上级领导与一线员工之间沟通的主要桥梁。企业的生产能力,很大程度上依赖于一线班组长的管理水平。班组长管理能力的高低,在一定程度上直接影响着公司或部门的整体工作进度和经济效益。

随着企业组织趋于扁平化,班组长发挥作用的领域日益广阔。越来越多的企业领导者意识到优秀班组长队伍建设是提升企业管理效率的重要部分,优秀的班组长是企业不可或缺的人力资源。只有抓好班组的精细化管理,才能使班组在企业中发挥出最大化的效能,确保企业制度及目标的有效执行和落实。

企业制定的宏伟战略,最终要由一线员工来实现,而班组长作为一线员工的直接组织者和指挥者,其管理能力的高低,直接影响产品质量、成本、交货期、安全生产和员工士气,甚至关系到企业的经营成败。因此班组长培训尤为重要。

《班组长实战操作手册——从理论到实战》一书包括胜任本职工作、建设最好的员工队伍、严把产品质量关、打造零事故班组、妥善管理设备工具、保障交货期、有效控制班组成本7章内容,通过大量的案例对班组长管理过程中应注意的事项进行了提示,从理论到实战对班组长的工作进行了详细的解读。

本书由滕宝红主编,参与编写的有匡仲潇、刘艳玲。由于编者水平有限,加之时间仓促、参考资料有限,书中难免出现疏漏,敬请读者批评指正。

编者

目录

第1章 胜任本职工作

第一节 班组长的角色认知　2
　一、班组长是生产现场的负责人　2
　二、班组长是现场的指挥塔　4
　三、班组长是中间管理者　5
　四、班组长是生产任务的达成者　8

第二节 班组长日常工作事项　9
　一、班前要做的事项　10
　二、班后即刻要做的事项　11
　三、班中要做的事项　11
　四、下班前要做的事项　12

第2章 建设最好的员工队伍

第一节 员工管理的基础知识　15
　一、班组定岗管理　15
　二、班组定员管理　16
　三、人员定岗管理　17
　四、员工出勤管理　18
　五、补员管理　19
　六、员工轮岗　20

第二节 员工管理的最优方法　21
　一、开好早会　21
　　【范本】××班组早会的标准流程　22

二、开展 OJT（现场内的训练） 25
三、教育新员工 27
四、开展多能工训练 28
五、营造班组学习氛围 30
六、与下属有效沟通 31
七、适时关注下属情绪 36

第三节　团队管理注意事项 37
一、主动和你的下属打招呼 37
二、把握训斥与称赞的度 38
三、驾驭爱顶牛的下属 39
四、善于使用有个性的下属 41
五、巧治下属的懒散作风 42
六、驾驭"摆老资格"的下属 43
七、影响和改造"老油条" 45
八、要不断激励员工 46
九、不刻意掩饰自身缺点 49
十、不要威胁下属 50
十一、避免对下属要求苛刻 51
十二、尽量避免厚此薄彼 52
十三、千万不要压制下属的发展 53

第3章　严把产品质量关

第一节　质量管理基础知识 56
一、什么是质量 56
二、什么是合格率 57
三、什么是直通率 58
四、什么是样品 58
实战案例 保证提供样品准确 59
实战案例 样品要保管好 60
五、什么是 QC 61
六、什么是 QA 61

七、什么是QC手法	61

第二节　质量管理最优方法　62

一、强化质量意识教育	62
二、严抓平稳操作	62
三、开展QC小组活动	63
四、首件确认后才批量生产	64
五、控制好4M1E	65
六、执行"三不原则"	68
七、控制好换线质量	69
八、进行巡回质量检查	70
九、及时处理不良品	72

第三节　质量管理注意事项　74

一、避免产品质量缺陷	74
【范本】电子元器件缺陷判别	75
【范本】金属件缺陷判别	76
【范本】塑料件缺陷判别	76
【范本】机械组合件缺陷判别	77
【范本】包装材料缺陷判别	77
二、积极推行"三检制"	77
三、严格遵守工艺纪律	80
四、正确处理作业中的不良品	83
五、适时巡查现场	91

第4章　打造零事故班组

第一节　安全管理基础　93

一、班组长的安全责任	93
二、班组成员的安全责任	94
三、安全的"多米诺骨牌"	95
四、安全事故的两要素——物与人	96
五、必须具备的安全意识	97
六、安全意识薄弱的表现与原因	99

第二节　安全管理最优方法	104
一、关注现场作业环境	104
二、关注员工的状况	105
实战案例　及时关注员工情绪	106
三、监督员工穿戴劳保用品	106
实战案例　老员工心存侥幸，终酿悲剧	108
四、运用目视法管理安全	108

第三节　安全管理注意事项	110
一、重视交接班工作	110
二、开展危险预知活动	112
三、班组安全检查	114
四、制定班组事故预案	117
五、控制好危险点，确保班组安全	119
六、发生违章要处罚	119
七、加强班组的安全教育工作	121

第5章　妥善管理设备工具

第一节　设备工具管理基础知识	123
一、什么是设备	123
二、设备的类型	124
三、设备与生产的关系	124
四、设备对生产的影响	125
五、班组工具如何分类	125
六、班组设备管理的主要内容	126
七、班组设备管理的主要规程	127

第二节　设备工具管理最优方法	128
一、凭证操作	128
二、遵守"三好、四会、五项纪律"	128
三、遵守设备操作规程	129
四、做好设备日常维护保养	130
五、设备坚固	131

六、设备润滑　　　　　　　　　　　　131
　　　七、设备故障预防在先　　　　　　　133
　　　八、工具管理要有章有法　　　　　　134

第三节　设备工具管理注意事项　　　136
　　　一、设备的精度校正　　　　　　　　136
　　　二、办好交接班手续　　　　　　　　138
　　　三、禁止异常操作设备　　　　　　　139
　　　四、按时进行设备点检　　　　　　　140
　　　五、遵守设备巡检标准　　　　　　　141
　　　六、及时处理设备故障　　　　　　　142

第6章　保障交货期

第一节　交货期管理基础知识　　　146
　　　一、什么是交货期　　　　　　　　　146
　　　二、月生产计划　　　　　　　　　　147
　　　三、周生产计划　　　　　　　　　　147
　　　四、日生产计划　　　　　　　　　　149
　　　五、什么是瓶颈转移　　　　　　　　149

第二节　交货期管理最优方法　　　149
　　　一、计划执行的诀窍　　　　　　　　149
　　　二、生产准备工作要做好　　　　　　150
　　　三、有效安排生产线　　　　　　　　152
　　　四、加工作业要提前　　　　　　　　154
　　　五、控制最佳的生产节拍　　　　　　155
　　　六、处理好紧急订单　　　　　　　　155
　　　七、计划延误要想办法补救　　　　　156

第三节　交货期管理注意事项　　　157
　　　一、及时处理生产异常　　　　　　　157
　　　二、交货期变更处理　　　　　　　　158
　　　三、加强对生产线人员状况与工位的管理　　159
　　　四、把控好多品种生产快速转换　　　161

第7章 有效控制班组成本

第一节 成本控制基础知识 … 167
一、成本基础知识 … 167
二、班组长对于成本有何职责 … 168

第二节 成本控制最优方法 … 169
一、运用 3U MEMO 法找出浪费 … 169
二、做好班组生产作业统计 … 171
三、做好班组直接材料的领料管理 … 172
四、做好生产现场的存货管理 … 174
五、做好物料退库管理 … 175
六、怎样降低直接人工成本 … 176
七、降低工具损耗 … 178
八、开展以旧换新、修旧利废活动 … 179
　　【范本】辅料以旧换新方法说明 … 180
九、现场改善和消除浪费 … 181
十、物料台面管理 … 181
十一、妥善保管上线物料 … 183
十二、处理好产品扫尾时的物料 … 184
十三、处理好生产中的剩余物料 … 185

第三节 成本控制注意事项 … 186
一、超量生产造成的无效劳动 … 186
二、库存过多造成的浪费 … 187
三、等待造成的浪费 … 188
四、搬运造成的浪费 … 188
五、动作上的浪费 … 189
六、妥善管理呆滞料 … 189
七、控制辅助材料成本 … 189
八、尽量减少边角余料 … 190
九、物料挪用及替代 … 191

参考文献 … 193

第 1 章

胜任本职工作

（小A）

A："老Q，我被提拔为班长了，可是我啥都不懂，还请您多多指教哈。"

Q："小A，你进工厂以来各方面都做得很棒。但做班长跟做员工是不一样的。"

A："哦。那是不是我的角色有变化了呢？"

Q："是的，班长的角色与员工的角色是不一样的。班长是一个管理者。班长不仅要做好自己分内的事情，更要带领班组成员做好本班组的事情。"

A："嗯，那我要做好哪些事情呢？"

Q："每天班前、班中、班后都有一些固定的事情要处理好。我给你一些详细的资料，你拿回去自己琢磨吧。"

A："好的，谢谢您！"

（老Q）

第一节

班组长的角色认知

一、班组长是生产现场的负责人

生产现场的监督者，也就是班组长，对生产现场的状态和生产活动的结果负有全部的责任。作为班组长上司的生产主管和厂长负有管理班组长的责任，现场的直接责任则由班组长承担。如果不这样做，现场的状态就不可能朝良好的方向发展。班组长所负的主要责任如下。

（一）监督、管理

班组长监督、管理的责任范围如下。

（1）制订生产计划。制订每月和每日的生产计划。

（2）做好使用材料、零部件的准备工作。做好在生产中使用的材料、零部件的准备工作和督促不足部品的进货。

（3）使用的机械、装置、专用工具和一般性工具的准备。做好在生产中使用的设备、治工具的准备工作，同时确保设备精度、性能处于良好状态。

（4）恰当地配置作业者。在考虑适合性的基础上，把所属的作业者配置到流水线和各工位上。

（5）作业的标准化。准备QC（quality control，质量控制）工程表和作业标准书，指导员工进行标准作业。

（6）生产进度的把握和交货期的管理。根据投入的原材料和准备的设备推进生产，进行生产进度的管理，在来不及生产时，设法找出补救方案。

（7）作业环境的维持、改善。

（8）看到作业现场出现漏雨、玻璃破碎之类的现象时要及时处理。

（9）排除有毒气体、粉尘等，维持良好的生产环境。

（10）设法减少震动、冲击。

（11）防止噪声。

（12）防止大气污染、水质污染之类的公害发生。

（13）对质量、交货期、成本、设备、安全卫生等方面的问题采取对策。发生不良品、不能及时交货、成本过高、设备故障以及劳动灾害等情况时，应设法解决问题、排除阻碍生产的障碍，调查原因，采取防止再次发生的对策。

（14）生产业绩的评价和提高。

（15）作业改善的指导。设定作业改善的难题，并为解决难题开展指导工作。

（16）维持良好人际关系。维持好工作现场规则，有利于提高工作现场作业者的干劲。

（17）安全卫生的维持和强化。危险物的使用符合相关要求，强化对安全卫生的指导，以防止劳动灾害的发生。

（18）作业者的教育训练和培养。给作业者有关作业的题目，并进行教育和训练，达到培养人才的目的，或根据需要培训作业者，使其具备多技能。

（19）营造和维持工作现场良好的氛围。为使现场作业者在心情良好的状态下进行工作，为营造和维持良好的工作氛围而进行的勉励或警告工作。

（二）向其他部门或经营者呈报意见

即使是班组长责任以外的事项，如对其他部门、上司或经营者，在以下事项范围内班组长也负有呈报意见的责任。

（1）工作现场的组织以及生产系统的整体改善。

（2）新产品的开发。

（3）开拓新客户。

（4）做成工厂内使用的规格。

（5）QC工程表、作业标准书的更改。

（6）为提高产量而进行的设计变更或规格书的更改。

（7）为提高生产效率导入新设备或对旧设备进行修理、改造。

（8）为提高产量而进行的材料、部品规格的更改。

（9）对有能力的人加薪，并促使其晋级。

（10）从外部搜寻（scout）有能力的人才。

（11）努力开发优良的合作伙伴，根据外发订单，活用工厂的专门技术和节约本公司的人力资源。

二、班组长是现场的指挥塔

（一）什么是指挥塔

（1）军舰的指挥塔负责发出战斗指令；就商船来说，指挥塔就是船桥（bridge），船桥发出航海线路和靠岸指令。

（2）就机场来说，指挥塔就是管制塔。管制塔根据机场的具体情况发出飞机起飞或着陆的指令。

（二）工作现场的指挥塔

（1）企业的指挥塔是决策层，公布工作方针和基本计划。

（2）一旦开始日常生产活动，生产现场的监督者——班组长就成了指挥塔，其主要的工作项目和内容如表1-1所示。

表1-1 班组长的工作项目和内容

序号	工作项目	内容
1	生产准备	准备好生产中所必需的材料、部品、设备，并确认当日的生产计划
2	发出生产开始的信号	配置作业者，发出生产开始的信号
3	生产中的巡视	在生产活动中巡视现场，观察生产情况是否正常
4	发现生产中的异常并采取对策	若发现生产中有异常时应停止生产，调查异常的原因，采取适当的方法，使生产得以继续进行
5	生产结束后的工作	做好第二天的准备工作，收集生产日报及必要的数据

三、班组长是中间管理者

（一）中间管理者的位置

班组长在组织中处于上司和下属的中间，三者关系就像"三明治"，班组长处在承上启下的夹层位置。组织的经营是通过中间管理者来完成工作的。作为中间管理者的班组长应充分认识自己的位置，根据上司所确定的企业目标和生产计划，来展开企业活动，从而为企业创造利益。

（二）在企业内部班组长和上司之间的关系

（1）上司给班组长业务上的方针，而班组长向作业者发出执行的命令。上司发出指示，而班组长使指示具体化后，再对作业者发出指令。

（2）班组长向上司报告。对上司指示的事情，班组长有义务向上司报告结果。

（3）上司对班组长业绩进行评价。上司通过对班组长所负责部门的生产活动所产生结果进行调查，来评价班组长的业绩。

（4）班组长为上司做补充。班组长发现上司在工作中有不完善的地方时，要提出建议进行补充。

（三）在工作现场的班组长和作业者之间的关系

1. 班组长是通过作业者来开展工作的

不管是加工作业、设备运转，还是检查作业等都是由作业者进行的，班组长不直接进行作业，这就形成班组长通过作业者进行工作的关系。在这种情况下，班组长是作业者的指导者，指导作业者正确进行作业。

2. 班组长离作业者最近

在生产现场的班组长离作业者最近，班组长每天进行的作业指示，对作业者工作的观察，对作业者进行的作业指导，以及作业者向班组长报告工作状况和陈述意见等，使得班组长和作业者成为一个整体。

3. 班组长的指导能力左右着生产现场的业绩

班组长对作业者的正确指导以及对作业者积极性的调动将有助于提升工作现场的业绩。

（四）中间管理者在组织上的行动方法

目前，企业在管理中普遍存在如下现象。

（1）**企业决策者下达的方针是抽象的**。由于决策者下达的基本方针和年度方针通常是抽象的，所以班组长若将其语言原样传达，第一线的作业者则无法按其方针行动。例如：决策者发出了"做好整理、整顿工作"的治理工厂方针。"做好整理、整顿工作"这一方针是个抽象的概念，并无具体的要求，如果按原话传达给主管，主管又原话传达给班组长，班组长再原话传达给作业者，那么作业者还是不清楚在什么时候、什么地点、用什么方法、应该由谁发起什么样的行动。

（2）**主管的计划、指示是不具体的**。主管从企业的决策者处接受基本方针，将该方针作为部门方针、部门计划时就有必要进行基本方针具体化的工作。在做部门方针和计划时，应注意以下4点。

① 有关整理、整顿的工作，在每个工作现场都要求组织化。
② 工作现场机器和材料的整理、整顿与文件的整理、整顿分开进行。
③ 寻求整理、整顿方法的标准化。

④ 决定新的有关整理、整顿的评价方法。

班组长应发出可操作的、具体性的指示。

（1）制作整理、整顿工作的入门教材，对员工进行教育。

（2）从整理、整顿工作现场的立场上看，在现场分出几个区域，每个区域任命一个负责人，并制作各区域所属员工一览表。

（3）有关整理的工作：每日工作结束时，清除工作现场的不要物品，其他地方每月月末清除不要物品。在清除不要物品时，把可燃烧的不要物品、可卖的不要物品、付款由废品回收公司取走的不要物品分开处理。这时由各区域的负责人指示各成员做具体的工作。

（4）有关整顿的工作：把整理后剩下的有用的东西排列整齐。这时应留意的事项有以下几点，由各区域的负责人发出指令。

① 物品要直角并列放置。

② 放置物品的场所要有标示板。

③ 在指定的场所放置物品。

（五）中间管理者成为"夹心饼"的情况及开展工作的方法

1. 中间管理者成为"夹心饼"的情况

（1）中间管理者若有以下原因（理由），则不可以无原则地跟随着上司走。

① 对上司所说的事情不理解（理由不清楚）。

② 上司所说的事情做不到。

③ 接受不了的指示（不理解的指示）。

（2）来自工作现场的作业者在生产时遇到以下状况。

① 按监督者的指示去做，安全上不达标。

② 用指示的作业方法不能维持正常的质量。

③ 用指示的作业方法不能确保及时交货。

④ 材料、设备、治工具有故障不能作业。

⑤ 做不到的事要强行进行时，不知如何去做。

2. 中间管理者成为"夹心饼"时的处理方法

中间管理者成为"夹心饼"时的处理方法如表1-2所示。

表1-2　中间管理者成为"夹心饼"时的处理方法

应对对象	处理方法
对上司	• 不能理解上司所说的情况，应努力去交换意见，以达成一致的理解。如果此时不负责任地撒手而去或原样告诉下属则是不良行为，会失去下属的信赖。 • 根据当时的状况，如仅是稍微一点不合理，可以说："做一做，试一试看。" • 把知道不合理、做不到却接受的事情，用自己的语言对下属进行说明，不把责任推给上司
对下属	• 努力去理解下属所说的内容。 • 如果无论怎样去理解都认为不行，就明确说明其理由，并明确说："不行！" • 只是一点点勉强，可说"试一试，结果由我负责"之类的话，鼓励下属去做。 • 把下属的意见和状况向上司报告。 • 对下属自私的意见和要求，不要马上回答，过2～3天后再回答说"不行"为好

四、班组长是生产任务的达成者

班组长的职责是围绕客户满意和公司效益两大方面来进行的，包括QCDSF五大方面。

（一）Q——quality（质量）

所谓质量，就是一组固有特性（如尺寸、硬度、重量等）满足要求（包括标准要求、客户要求、法律要求以及社会要求等）的程度。

质量是客户关注的第一焦点。没有好的质量作为保证，再低的价格、再快的交货速度都没有意义。所以，保证质量是班组长的第一要务。

(二) C——cost（成本）

成本方面，通过有效管理降低成本，把客户的顾虑降到最低，最大限度地提高工作的附加价值，提高公司的经济效益。

(三) D——delivery（交货期）

交货期方面，要准时交货、快速交货，以很短的交货期快速满足客户的需求。

(四) S——safety（安全）

安全指确保员工的生产安全和职业健康，加强劳动保护，遵守环境保护和技术法规。

(五) F——flexibility（柔性）

柔性指敏锐感知市场，快速应对市场需求和客户要求的变化能力。这是生产系统的应变弹性能力，企业的柔性越高，其抓住市场机会的能力就越强。

班组长的工作目标有很多具体的表现形式，如及时交货、减少浪费等，虽然表现形式不同，但它们都可以归纳到上述五大方面。

第二节 班组长日常工作事项

作为基层主管的班组长，其日常工作事项非常"具体化"和"细节化"。班组长每天的工作事项如下。

一、班前要做的事项

（一）提前20分钟（或更早）进入工厂

充分的准备会减轻工作压力，从而有序地开展一天的工作和提升每天的工作效率，这一点是每一位班组长都必须做到的。

（二）检查班组区域的环境卫生

良好的工作环境能够使员工心情愉悦，从而提振员工士气。所以，班组长必须强烈要求大家做好每一天的值日。理所当然，追踪环境卫生状况也就成了班组长日常工作的一部分。

（三）确认当天的制前准备工作是否完善

此项工作同时也是复查，因为在前一天下班前此项工作就已经得到确认，之所以要这样再三确认，是因为在生产线上，班组的制前准备工作太重要了。制前工作准备得不充分，会严重影响生产的进度。制前准备工作内容很多，它不仅包括要生产的产品所需要的一切生产资料，如设备、原材料、辅助材料和文书资料等，还包括我们对所要生产的产品的认识，比如产品的重点、难点和工序、流程的安排等。总而言之，班组生产效率和制前准备工作是息息相关的，没有好的制前准备工作，就算生产力再强的生产线也不会有高的生产效率。所以制前一定要对所要生产的产品加以了解，并准备好所需要的一切生产资料，这项工作不能有丝毫的懈怠。

（四）当天的目标和生产计划的再度确认

每一天的目标是班组长在做月度生产计划的时候根据产品的生产周期计算出来的，订下的目标不能随便更改，所以在生产过程中，每天都要根据投入工时等不同的因素来随时更新自己的生产计划，确保按时按质地达成目标。所以，复查审核每一天的生产计划非常重要。

二、班后即刻要做的事项

班组长每天上班后第一件要做的事情就是安排适当的时间召开早会，早会的内容如下。

（1）确认有无员工缺勤。

（2）根据实到员工以及员工士气即时确认前一天所做的生产计划的准确度，并向所有员工通报当天的生产目标和新的生产计划。

（3）通报前一天的生产状况。

（4）传达上级指令。

早会的时间不能过长，但它不能不开，早会在班组长的工作中起着承上启下的作用。在早会上，班组长可立即了解到当天所有员工的出勤状况和员工士气，确认前一天所做的生产计划和安排的准确性以及是否需要更改等问题。这对当天的生产有很大益处。开会时一切都要简明扼要，抓重点，讲重点。

三、班中要做的事项

（一）追踪查看是否所有员工都按标准作业

在生产制造过程中，95%以上的工伤都是未按标准作业流程操作而导致的。规范的操作不只是生产顺畅和产品质量的保证，也是员工生命安全的保证。所以，这一工作应在上班过程中随时检查。

（二）随时查看工序安排是否平衡

每道工序平衡才能使整个生产流程顺畅。如果工序不平衡，则会导致流水线出现滞留状况，若出现这一状况，则必须立即查找原因并对其工序进行调整。

之所以称作流水线，就是要求生产流程像水一样不停地、均匀地流动运作。一道工序的"呆滞"就会影响整条生产线的运作，当天的产能就会受到影响。

（三）随时追踪不良品并立即查处

质量是一个企业生存的根本，这几乎已成为所有企业的文化，所以质量是生产线生存的根本。在生产过程中很难做到一次合格率100%，但要做到把不良品控制在最小范围内。任何一件产品只要经过返工处理，其完美度都不如一次就合格的产品。同时不良品率也是决定班组是否达到目标计划的一个重要因素，所以，当发现有不良品时，要马上找出原因并立即改善。

（四）随时准备后面所需的生产资料

随着生产线不断地生产，班组所准备的原材料、辅助材料将逐渐减少，所以在生产的同时也要随时为下一时段的生产做好准备，这样生产线才能保证持续不断地工作。正常情况下至少需要准备两小时生产量的材料。

四、下班前要做的事项

（一）检查所辖区域内的卫生及安全事项

班组长每天下班前必须要对当天值日生的工作进行检查，环境是否干净整洁，电源是否切断等安全事项都得检查。这是作为班组长的基本职责。班组长要对所辖范围内所有的相关工作及时地跟踪检查，争取尽早发现问题，这样才会在最小范围内减少损失。

（二）检查当日生产的达标状况

班组长在下班前一定要准确地掌控当日生产的达标状况。虽然在上班时已随时在追踪整个达标状况，但在上班时掌控的结果只是一个大概，不是很精确。再次确认才会准确掌控达标状况，精确计算与目标计划的距离，同时在第二天的早会上才能将准确的数据传达给每位员工，让员工随时掌控进度以及与目标的距离，这样才有益于交货期的顺利达成。

（三）检查次日生产的制前准备工作是否完善

班组长在上班时就应该做好第二天的制前准备，并在下班前再次确认。

（四）回顾当日所做的一切工作安排与决策是否正确

有不少决策都是在生产现场临时决定的，班组长没有足够的时间反复斟酌，有时会因自身的体能和经验作出不是最佳的甚至是错误的决策。所以下班前很有必要回顾当日所做的一切工作安排与决策是否正确妥当，对不妥善的地方，在第二天的早会上要向当事人或相关员工阐明原因，并争取双方达成共识与理解（必要时在发现问题的时候就向相关员工说明）。如果牵涉其他单位或班组的人，班组长要想办法在最早时间或是最佳时间向其阐明原因，这样才能团结员工，从而提升员工的凝聚力以及自身的影响力和管理能力。

第 2 章

建设最好的员工队伍

（小A）

A（沮丧着）："老Q，班组长真不好当，我不想当班组长了，想做回员工。"

Q（微笑着）："怎么啦，有员工顶撞你了吗？"

A："是的，他们不服气，嫌我比他们年轻。"

Q："这很正常，作班组长就是做管理。要想成为最好的班组长，必定离不开一个优秀的员工队伍，即一个好的团队。"

A："可我不会带。"

Q："不要气馁，万事开头难，只要拿出你做优秀员工时的那股劲来学习，你一定可以成为优秀的班组长。我手头上有一些管理员工的资料，你可以拿过去学习，有不懂的再来找我。"

A："好的，谢谢您！"

（老Q）

第一节

员工管理的基础知识

一、班组定岗管理

（一）根据工艺确定生产岗位

研究表明，一个人能有效管理的人数为10人左右，所以一个班组的人数设定以5～8人为宜。可以根据这一研究结果以及具体的生产工艺流程，来合理设置班组人数。

设置班组后，根据生产工艺确定生产岗位，根据作业内容配置相应的人数。一般来说，一个岗位配备一位作业员工。某些产品有特殊的工艺要求需要临时增加人员的，在班组人员编制上也应事先予以明确，这样才能满足用工的紧急需求。

（二）按需设置职能管理岗位

一般来说，生产班组的职能管理包括计划管理、物料管理、质量管理、考勤管理、设备管理、5S管理、安全管理、成本管理、低值易耗品管理等。这些职能管理工作可以根据班组大小和工作量大小采用不同的方式进行，具体如图2-1所示。

- **第一种**：所有职能管理均由班组长负责，这种方式适合于人数不多、工作量不大的班组
- **第二种**：大部分职能由班组长负责，工作量特别大的某个职能设定辅助岗位，如物料员等
- **第三种**：设副职与班组长共同配合、分担管理职能，或同时设辅助岗位，这种方式适合于人数特别多、工作量特别大的班组

图2-1　按需设置职能管理岗位

不同的岗位对技能和资格的要求也都不一样，所以班组定岗不仅是对人数的要求，还是对技能、资格的要求，班组长应该切实把握。

> **特别提示**
>
> 对于没有设副职和辅助人员的班组，班组长可以让骨干分担班组职能管理工作。这样不仅能防止班组长陷入过多烦琐的具体事务中，还能使骨干在做好本职工作的同时做班组长的助手，这也是培养班组长后备力量的有效方式。

二、班组定员管理

班组定岗之后，班组的标准人数就能基本确定，如果生产产品的型号变化会带

来弹性用工需求的话，班组定岗还要相应地明确其需求变化的规律。班组定岗定员通常以班组组织表的形式体现，被批准的组织表是人员需求和作业补员的重要依据。组织表是班组人员管理的重要工具，是班组职能管理的综合体现。

运用书面化的班组组织表并及时更新、动态管理，一个阶段内的人员安排就会一目了然，这样便于班组长掌握和调整班组人员。

三、人员定岗管理

（一）员工定岗原则

员工的定岗是根据岗位要求和个人状况来决定的。根据岗位质量要求的高低，可以把员工的岗位分为重要岗位和一般岗位；根据岗位劳动强度的大小，可以将员工的岗位分为艰苦岗位和一般岗位。另外，员工的身体状况、技能水平、工作态度也是给员工定岗的重要依据。员工定岗原则，具体如图2-2所示。

适所适才原则	根据岗位需要配备合适的人员
适才适所原则	根据个人状况安排适合的岗位
强度均衡原则	各岗位之间适度分担工作量，使劳动强度相对均衡

图2-2　员工定岗原则

（二）员工定岗的好处

（1）员工在一段时间内固定在某个岗位作业，能尽快熟练作业技能，并达到熟能生巧的效果。

（2）员工定岗有利于保证管理的可追溯性，能够责任到人，做到业绩好管理，问题好追查。

（3）员工定岗有利于提高和稳定员工技能，确保安全、质量和产量。

（4）员工定岗有利于提高工作安排和人员调配的效率。

（三）未实施定岗的危害

员工定岗后，其操作岗位要求必须相对固定，不允许随便换岗。但在实际工作中经常出现员工串岗和换岗的现象。串岗是指一般员工未经批准在一个班次之内短、频、快地在不同岗位交替作业；换岗是指一般员工在一段时间内无组织、无计划地随意变换工作岗位。串岗和换岗都属于管理混乱，极易使现场管理混乱，其带来的危害是比较大的。

（1）岗位变换快，员工作业技能不稳定。

（2）易出安全和质量事故，质量和产量难稳定。

（3）责任不清，问题难以追溯，业绩难以管理。

（4）岗位变动大、变动快，处于无序状态，人员难管理。

> **特别提示**
>
> 随着用工制度和用工结构的变化，企业开始出现临时工、季节工、劳务外包等用工形式。班组长可根据岗位特点和需要，明确区分岗位性质和用工要求，利用这些用工形式，有针对性地做好定岗定员和人员管理工作。这对保障班组目标的实现有着很重要的作用。

四、员工出勤管理

（一）时间管理

时间管理是指管理员工是否按时上下班，是否按要求加班等事宜，其核心是管理员工是否按时到岗，主要表现为缺勤管理。一般来说，员工缺勤有迟到、早退、请假、旷工、不辞而别等几种情形。

（1）对于迟到、早退等情况，应该向当事人了解原因，同时严格按照企业制度考勤。除非情况特殊，一般要对当事人进行必要的个别教育或公开教育，对于多次迟到、早退，且屡教不改者，应该加大处理力度。

（2）员工请假需按照企业制度，提前书面请假且获得批准后才能休假。特殊情况下可以口头请假，班组长需要确认缘由，并进行恰当处理，既要显示制度的严肃性，又要体现管理的人性化。

（3）出现员工旷工时，应该及时联系当事人或向熟悉当事人的同事了解情况，确认当事人是出现意外不能及时请假还是本人恶意旷工。如果是前者应该首先给予关心，必要时进行指导教育；如果是后者则应该当作旷工情形，并按照制度严肃处理。

（4）碰到员工不辞而别的离职情形，应该及时联系当事人或向熟悉当事人的同事了解情况，尽量了解员工不辞而别的原因。无论是工作原因还是个人原因，该做引导挽留工作的就要做引导挽留工作，就算是员工选择了离职也要给予必要的感谢、善意的提醒，必要时诚恳地听取其对企业、班组的意见或建议。

> **特别提示**
>
> 员工出勤的时间管理可以根据考勤表进行出勤率统计分析，从个人、月份、淡旺季、季节、假期等多个角度分析其规律。掌握历年来的规律能为班组定员及设置机动人员提供依据，以便提前准备、及时调配。

（二）状态管理

状态管理是指对已出勤员工的在岗工作状态进行管理，班组长可通过观察员工表现、确认工作质量来把握出勤员工的精神状态、情绪、体力，必要时可进行深入了解、交流、关心、提醒和开导。当发现员工状态不佳、难以保证安全和质量时，要及时采取措施进行处理；当发现员工有个人困难而心绪不宁甚至影响工作时，要给予真诚的帮助。

班组长要学会察言观色，对员工要出自内心地关心，确保生产顺利进行，确保员工人到岗、心到岗、状态到位、结果到位。

五、补员管理

出现员工离职或辞职的情形，班组长应该及时向人力资源部门提出补员申请，同时做好临时性人员的调配工作，使生产进度和质量不受影响。临时补充人员到岗后，班组长要对临时补充人员尽相应的职责，具体如图2-3所示。

```
告知 —— 告知的内容包括作业安全要求、工作内容、质量标准、注意事项、异常联络等

指导 —— 指导方面包括操作要点、异常处置、作业技能等

监督 —— 监督的内容主要包括出勤时间、安全规范、工艺纪律、工作质量、工作纪律等方面
```

图2-3　班组长补员管理的三大职责

在外来支援人员结束工作之后，班组长要以口头或书面的形式评价其工作表现，客观评价后要给予相应的肯定、表扬或批评，告知本人及其直接领导，最后别忘了道一声"辛苦"和"谢谢"。

六、员工轮岗

适度的岗位轮换有助于提高员工学习的热情和欲望，激发班组成员的干劲，培养多能工和后备人员。员工轮岗安排一定要有计划、有组织地进行，要避免仅凭一腔热情的自由主义。在人员选择上，以选择工作态度好、安全意识高、工作质量一贯稳定、原有岗位技能熟练的老员工为宜。

> **特别提示**
>
> 一般来说，老员工到新岗位要完全掌握作业技能，快的也要2～3个月。因此，在时间安排上，老员工轮岗周期最好以3～6个月为宜。

在轮岗安排上，一旦决定某个员工转换岗位，班组长就要像对待新员工上岗一样，指导他、帮助他，并明确轮岗时间。一旦轮岗，换岗人员就要在规定的时间内

固定在新岗位上，不允许随意变动。班组长要做好换岗人员新岗位的技能培训、质量考核和业绩管理工作，确保达到转岗目标。应该强调的是，为了确保岗位轮换的严肃性和计划性，班组长务必要将相关安排书面化，并向相关人员或全员进行公开说明。

第二节 员工管理的最优方法

一、开好早会

早会是班组管理的重要领地。通过早会，一方面可以传播公司的企业文化，扭转下属不良的思想、行为与观念，培养好的习惯；另一方面可以培养班组长的风范与气度，带动班组气氛以及为班组成员提供良好的沟通机会。

（一）早会讲解内容

班组长在早会中应说些什么呢？一般而言，工厂生产现场早会要讲解的内容主要包括七个方面，如图2-4所示。

> **工厂生产现场早会讲解的内容**
>
> - 内容一：企业经营动态
> - 内容二：生产信息
> - 内容三：质量信息
> - 内容四：现场5S状况
> - 内容五：安全状况
> - 内容六：工作纪律
> - 内容七：班组风气以及联络事项

图2-4　工厂生产现场早会讲解的内容

特别提示

以上早会内容并不是每天都需要面面俱到,而是要根据当天现场的实际情况来确定当天要讲的主要内容。

(二)班组早会的流程

班组早会分为早会准备、会前集合、早会召开三个阶段,由列队集合、整装互检、点名、会前口号、工作布置、会后口号等几个主要步骤组成,通常需5~10分钟。在此,提供一份某工厂班组早会的标准流程,供读者参考。

××班组早会的标准流程

序号	阶段名称	工作内容	实施标准	时间要求
1	早会准备	(1)确认当日生产计划、型号、时间、材料及备货等要求	任务细化分配到每个岗位、每名员工	上班前
		(2)确认上一班生产情况	收集上一班质量、安全、环境问题的通报材料	上班前
		(3)检查现场设备、工器具、交接班记录及环境	现场巡视记录并组织通报材料	上班前
		(4)收集事故通报、学习文件、现场案例等	相关文件、素材、材料整理,组织发言材料	上班前
2	会前集合	(1)集合	班组全员在会前5分钟到班组活动室集合	会前5分钟
		(2)班组长检查着装、劳保用品穿戴、人员出勤、上岗证等	劳保用品穿戴及着装规范、上岗证及操作证的佩戴情况等,准时出勤	20秒检查完毕
		(3)班组长观察班组人员情况	观察员工精神状态,是否存在精神恍惚、睡眠不足、生病等症状	10秒观察完毕

续表

序号	阶段名称	工作内容	实施标准	时间要求
3	早会召开	（1）会前点名，记录考勤	班组长宣读姓名，班组成员听到后喊"到"，声音洪亮，保证每位员工都能听清楚	40秒完成
		（2）喊口号	班组长带头，重复三次，统一口号	15秒完成
		（3）宣布早会开始，公布上一班现场情况和存在的问题，如产量、质量、安全、设备、环境、交接班情况等，并对存在的不足和要求的整改措施进行讲解分析	简明扼要，数据为主，着重强调问题	1分钟
		（4）学习公司文件或会议精神，传达部门（车间）要求	文件学习要有记录和人员签到	2分钟
		（5）部署当日生产品种、产量、质量及时间要求，依据当班工作内容向组员进行安全预知教育，提醒并告知其可能发生的问题与对策	工作布置要按5W1H要求表述清晰明确，并与员工确认，安全预知等要针对实际生产需求进行	1分钟
		（6）安全工作提醒、事故通报、岗位规程、应急预案、危险源讲解、异常情况处理等	要求每班内容都不一样，每两周可重复强调一次	1分钟
		（7）宣传和讲解生产工作操作注意事项，明确注意的事项和处理方法	根据近一时期生产出现的问题给予强调	1分钟
		（8）班组长带领员工齐喊口号或唱厂歌，宣布结束	班组长带头，齐喊口号或唱厂歌，口号统一，声音整齐响亮	40秒

（三）早会成功的要点

工厂早会的现状通常如下。

（1）有些工厂的班组早会开着开着就不开了。

（2）有的员工反映早会十分沉闷。

（3）有的员工认为早会简直就是浪费时间，还不如早点干活好。

（4）有的员工认为早会就是领导训话。

如果早会得到的反馈是这样的，那就一定要反思了。究竟怎样才能开好早会呢？以下是成功开好早会的几个要点，具体如表2-1所示。

表2-1　早会成功的要点

序号	要点类别	具体说明
1	充分准备	事先要精心策划，如早会的主题、流程、主持人（确定）、所需时间、主要内容等方面都要提前策划。另外，每日早会的内容最好是前一天下班之后在做工作总结之时就准备好
2	无论有什么困难都要召开	（1）每天早晨固定时间点，所有员工必须到位，给予缺席的、迟到的（请假除外）员工一定的处罚。这样一来，参加早会迟到、缺席的现象就会逐步减少，因故不能来的员工也会按规则提前请假，这样保证所有员工都能准时参加早会 （2）每次早会，班组的领导必须提前来到现场。如果班组长总是最后一个到，甚至迟到，员工们可能慑于权威，表面上不说，心里也会嘀咕："对我们要求这么严，自己却常常迟到，以为自己了不起，不就一个小官吗？"员工一有这种心态，早会要开成功就不容易了
3	不搞"一言堂"	要充分调动员工参与的积极性，不搞"一言堂"，给员工发言的机会
4	请员工主持	每一次早会，可安排不同的人来主持，班组长应事先做好一个轮值表，让员工提前做好准备。当然，班组长应协助员工，甚至可以将一些事情交由员工去讲。比如说，某员工发现班组中有不团结的现象，可由该员工提出这个问题，班组长协助他来选择一些游戏、一些故事穿插于早会中，通过这些游戏、故事来改善同事之间的关系
5	邀请员工自由发言	每次早会都要留一些时间让员工自由发言、提建议。对于员工的发言，一定要以积极的态度回应，不能一味否决。对于一些合理的要求，要想办法解决，而不是一味地推托，或只从管理者的角度着想
6	注重创新，有效利用	早会要突出重点，内容要多样化，要有新意，不能每天都只讲问题。要讲问题，更要指明方向；要质量、产量，更要关心、爱护和帮助员工

续表

序号	要点类别	具体说明
7	搜集资料	网上有大量的短信、游戏、小故事、笑话、趣味新闻，工作中有一些活生生的案例（关于安全的、质量的案例），这些都可以作为早会的补充内容，可以让早会的气氛活跃、轻松起来

二、开展OJT（现场内的训练）

对员工的教育与训练可分为OJT（on the job training，现场内的训练）与OFF-JT（off the job training，现场外的训练）。一般把在生产现场进行的教育、训练称为OJT；而OFF-JT，即离开生产现场的教育、训练，主要以员工集中参加教育研修的形式进行。

（一）OJT实施的理由

（1）在生产现场对作业者最有影响力的是其上司。

（2）生产现场出现问题，如果不是生产现场的管理者去处理，解决不了的事情就会很多。

（3）生产现场的业绩和实绩是管理者及其下属的工作总和，所以对下属的教育、培养是管理者的重要工作。

（二）OJT的目的

（1）促进生产现场的交流，强化生产现场的合作。

（2）提高作业者的工作热情。

（3）有效地开展生产现场的工作，完成生产目标。

（三）OJT的实施步骤

1. 确定受教育者

确定受教育者，首先要列举其完成生产现场的各种作业所需要的能力，这里所说的能力是指与作业有关的知识、作业的顺序、作业的要点、应该达到的质量水准、作业速度、作业后的检查要点；接着是对分配至流水线的作业者持有能力的评价，找出其必要能力和实际能力之间的差距，确认作业者能力不足的部分。

2. 准备教材

为消除作业者必要能力和实际能力之间的差距，最好的办法是将作业书面化。作业书面化是指将作业标准以文件的形式表现出来，即编制作业指导书。作业指导书起着正确指导员工从事某项作业的作用。

作业指导书要明确作业要求的5W1H。

（1）作业名称——做什么（what）。

（2）作业时间——什么时候做，在哪道工序前或哪道工序后（when）。

（3）作业者——谁去做（who）。

（4）作业地点——在哪儿做（where）。

（5）作业目的——为什么要这么做（why）。

（6）作业方式——所有工具及作业方法、关键要点（how）。

3. 进行实际作业指导

有效地指导作业，要按以下三个步骤进行。

（1）对作业进行说明。

班组长着重讲解作业的5W1H，对现在从事的是什么样的作业进行说明。班组长要询问员工对作业的了解程度，以前是否从事过类似的作业；讲授作业的意义、目的以及质量、安全等方面的重要性；重点强调安全方面的内容，使安全问题可视化；对零部件的名称和关键部位、使用的工装、夹具的放置方法进行说明。

所谓可视化，是指用眼睛可以直接、容易地获取有关方面的信息，如应用标志、警示牌、标志杆、电子记分牌、大量的图表等。

（2）自己示范一遍，让员工跟着操作。

班组长示范时，首先要对每一个主要步骤和关键之处进行详细的说明，再针对重点进行作业指导；然后让员工试着进行操作，并让其简述主要步骤、关键点和理由，使其明白作业的5W1H，如果有不正确的地方要立即纠正；在员工真正领会以前，要多次、反复地进行指导。

（3）注意观察、进行指导。

班组长要仔细观察员工的操作步骤，对其操作不符合要求或不规范之处进行指导，并让其知道在遇到不明白的地方时应怎样做才能快速获得正确答案。

三、教育新员工

（一）新员工工作中存在的问题

（1）不能正确地使用礼貌用语，在路上和上司、客人擦肩而过也不打招呼。

（2）由于不知道应对上司的言语措辞，所以被上司问到"明白吗"时只能回答"嗯，明白了"之类的话。

（3）不知道工作场所的礼仪如不知道开关门的礼仪、吃饭的礼仪等。

（4）不能做实际事务，如不知道工作结果的报告方法、异常时的处理方法等，尤其是刚毕业的学生。

（5）由于之前被斥责的次数少，所以一旦被上司斥责，就容易变得消沉或极端地反抗。

（6）开会时随意地和旁边的人说话。

（7）对不熟练的作业，会仅凭自己的一点经验和知识就去做。

（8）工作进行得不顺利，就埋怨别人，既不谦虚地进行自我反省，也不思考防止再次发生的对策。

（9）不知道团队如何协作，也不去考虑。

（二）对新员工教育的方法

（1）应以新员工为对象制作简单的教育手册，以公司的组织、职场的礼仪为中心内容，在新员工入厂时就进行教育，3个月后对教育项目中做得不好的要追加教育。

（2）上司看到新员工不符合要求的地方，应马上纠正，不要留待事后处理。

（三）对新员工教育的内容

（1）遵守时间规则。要告诉新员工上下班的时间，请假要事先申请等规则。

（2）遵守服装规则。告知新员工厂服穿着的要求和规定，可以用实物来说明或用漫画来说明。

（3）礼节。告诉新员工早晚见面时的礼仪礼节，指导员工要大声地问好，也要告诉其对来宾的礼仪礼节。

（4）言语措辞。应对上司的言语措辞，敬语的使用方法。

（5）动作。在通道和生产场所不要跑动，应整齐有序地放置好材料和工具等。

（6）被命令或者指示过的事情，要在被催促之前就进行报告，并应养成习惯。

（7）不好的、糟糕的事情，如产出不良品、出现机械故障、发生劳动灾害等要迅速告知上司。

（8）上司指示的事情应在理解后再着手做（不要因为被说了就无原则地行动，而应该在理解后着手，在理解之前要询问）。

（9）严格依据作业指导书作业。要做好工作，就要依据作业指导书来作业，使自己迅速成为能独立工作的作业者，进一步努力改善作业以谋求作业水平的提高。

四、开展多能工训练

（一）多能工训练的必要性

多能工训练是现场管理中不可缺少的教育课题之一，因为：

（1）如果没有人去顶替缺勤或因故请假者的工作，就会使生产停顿或造成产量减少。

（2）在品种多、数量少或按接单来安排生产的情况下，要频繁地变动流水线的编制，这就要求作业者具备多能化的技艺以适应变换机种的需要。

（3）适应生产计划的变更。企业为适应激烈竞争，往往会根据客户的某种要求而改变生产计划，这要求作业者的多技能化。

这几天班组长张某非常烦。车间里乱得像锅粥，自己所管的生产线总共也就二十几个人，昨天辞工走了一个，今天老员工彭某又因为女儿运动时摔伤了腿要在家里照顾女儿。彭某的技术能力在公司里是顶呱呱的，每次分到她手头的工作最多，但是有时她还能够比别人快一两分钟完成任务。这次她一请假，张某可就有点傻眼了。他们班组的工作是流水线作业，又不能停，可是这时候放一个人上去顶彭某的工作是怎么也不够的，再说其他人也不可能像她那样能又快又好地把工作完成。

（二）多能工训练计划的制订及记录

班组长制订多能工训练计划并做相关记录，具体可参考表2-2。

表2-2 多能工训练计划表

年　月　日

姓名	取图(2天)	剪断(2天)	铸锻(2天)	展平(3天)	消除变形(3天)	弯曲(5天)	挫磨(5天)	冲压成形(5天)	整形(5天)	热处理(8天)	焊锡(8天)	熔接(8天)	铆接(8天)	组装(8天)	抛光(8天)	教育训练时间合计(80天)
王××	☆	○	◎	○	☆	◎	×	◎	×	◎	×	×	◎	◎	☆	
李××	◎	☆	◎	◎	○	×	☆	◎	○	×	◎	☆	◎	×		
刘××	◎	◎	☆	○	◎	○	×	☆	◎	×	○	☆	×	○		
赵××	×	☆	○	◎	○	×	◎	○	◎	☆	○	×	☆	◎		
周××	☆	◎	○	◎	☆	○	○	☆	◎	○	◎	○	×	×		
陈××	◎	◎	○	☆	◎	☆	○	◎	○	×	◎	×	◎	☆	◎	
朱××	○	◎	○	×	×	×	☆	○	◎	○	○	○	◎	☆	○	
杨××	☆	×	○	◎	×	○	☆	◎	○	◎	◎	◎	×	◎	☆	
赵×	×	×	×	×	○	○	×	×	☆	○	○	☆	×	◎	○	
张××	☆	○	○	×	◎	×	◎	☆	○	◎	×	◎	×	○		

注：☆表示100%掌握，◎表示75%掌握，○表示50%掌握，×表示不需学会。

（1）调查在生产现场认为是必要的技术或技能，列举并记录到多能工训练计划表的横轴上。

（2）把生产现场作业者姓名记录到多能工训练计划表的纵轴上。

（3）评价每个作业者所具有的技能，并使用所规定的记号来记录。

（4）制订各作业者未受教育项目的教育计划（起止时间、教育何种项目）。

（5）随着教育进展的情况增加评价记号。

（三）多能工训练操作方法

（1）根据多能工训练计划表，按先后顺序逐一对员工进行作业基准及作业指导书内容的教育、指导。

（2）完成初期教育指导后，进入项目参观该作业者操作，注意加深其对作业基准及作业顺序教育内容的理解，随后利用中午休息或加班（工作结束后）时间，对其进行实际作业操作的指导。

（3）在有班组长、副班组长（或其他多能工）顶位时，可安排学员进入该工序与作业者一起进行实际操作，以提高作业准确性及顺序标准程度，同时掌握正确的作业方法。

（4）当学员掌握了正确的作业方法，并能达到作业基准，又具备正常作业流水线的速度（跟点作业），也就是说完全具备该工作作业能力后，可安排其进行单独作业，使其逐步熟练，达到一定程度的作业稳定性并能持续一段时间（3~6日最好）。但训练中的多能工学员在正常的跟点单独作业时，班组长要进行确认。

（5）考核学员的训练效果。检查作业方法是否与作业指导书的顺序方法一致，有没有不正确的作业动作，如果有要及时纠正；进行成品确认检查，检查成品是否满足质量、规格要求，有无作业不良造成的不良品。

通过上述检查均合格后，该员工的工序训练就可以判定为合格。

五、营造班组学习氛围

班组长需克服培训观念上的误区，并采取良好的措施和方法，为班组营造良好的学习氛围。

（一）班组长首先自己需要不断地学习和培训

班组长在培训下属的过程中，首先需要培训自我。营造班组的学习氛围，应先从班组长开始。

（二）做好培训工作

班组长应立足本岗位，切实做好班组培训工作。具体如下。

1. 培训工作应具有针对性和普遍性

作为班组长，应首先对班组人员的文化程度、工作年限、专业水平的高低予以掌握和了解，针对岗位特点与人员素质不同安排岗位学习，做到有的放矢；应紧紧抓住存有共性的问题，吸引大家参与进来深入探讨，力求人人都能弄懂、弄通。班组长要激发大家学习的积极性和创造性，不断提高班组人员的整体综合素质，力争达到"一人多岗"的值班能力，以适应不同工作的需要。

2. 培训工作应理论与实践相结合

班组长在讲课时，课程内容应紧密联系实际工作，将企业发生的各类事例结合本班组的实际情况进行分析讲解，做到举一反三；定期讲述一些与本班组工作有关的理论知识，并引导大家运用到实际工作中去，交流各自的学习经验，鼓励大家进行更深入的学习，鼓励技术创新，从而提高整个班组的文化层次和理论技术水平。

3. 培训内容应灵活多样

班组长要以打造学习型企业为契机，想方设法将培训工作搞得形式多样，生动活泼。除常规培训的各类规程、事故通报和安全简报外，可从提高班组人员兴趣着手，不定期增加模拟现场培训、有奖知识问答、工作票办理、班组电脑应用技巧、"我也来当回调度（领导、工作票签发人、工作负责人）"活动等多种培训形式，引导班组人员从不同角度看待问题，形成多向思维。

六、与下属有效沟通 ▶▶

众所周知，班组生产现场中常常面临着不断出现的问题，为了保证产品的质量，节约生产的成本，班组生产现场的信息往往需要及时反馈，否则就容易给产品的质量、物流的配送、销售的售后服务以及企业的声誉等带来一系列的负面影响。因此，在生产现场，班组长必须与下属做好有效沟通。

又到午餐时间了，班组长王某把操作员小李和小刘叫过来一起吃饭。

"小刘，我发现你现在的熟练程度提高了，继续努力！"班组长说。

"谢谢！"

"我也恭喜你！你的努力让老大看到了！这几天我可就惨了，也不知道是怎么回事，我的（产品）合格率一直很低，也搞不清楚是什么原因造成的。"小李说。

"小李,我也留意到了,你的合格率比前几天低了一些。我还在担心你这两天是不是家里有点什么事情。"王某说。

"我也不知道是怎么回事,好像这几天老出错,后来我发现总是在过那台×××机的时候出问题。可是这台机器我天天都用的啊,真有点想不通。"小李一说起这件事就觉得满腹委屈。

小刘一听,说道:"不对不对,这不是我们原来的那台×××机了。那天晚上我们上夜班时,那台机器出现故障,拿到维修部修去了,因为我们急着要用,维修部就拿了一台备用的给我们。这台备用的倒是比原来的那台好用,不过有3毫米的误差,所以每次用的时候要往右移3毫米,我看你第二天回来和小赵站在×××机旁比画很久,我还以为你已经知道了呢。"

"啊,天呐,你怎么不早告诉我呢,我这个月的奖金泡汤了!"小李高声叫道。

一般来说,信息沟通在一个班组中呈现多种状态,具体状态和班组长相应的处理方式如表2-3所示。

表2-3 信息沟通在班组中呈现的状态及处理方式

信息沟通在班组中呈现的状态			知情方式/处理方式
班组长	某员工	班组内其他员工	
不知道	不知道	都不知道	上网、翻书、求教他人
知道	不知道	都知道	某员工可能为新员工,对于新员工,班组长和其他人员应该让他尽快了解班组工作中的要求、规则、变化
不知道	不知道	都知道	说明班组长与某员工之间关系可能过于亲密或已形成利益小团体,须注意不良影响,避免其他员工产生抵触情绪
不知道	知道	都不知道	请知道信息的相关人员介绍方法、技巧,或重用相关人员在某一方面的技能
知道	知道	都不知道	班组长/某员工犯了错误或有小秘密,在可以原谅/接受的范围内内部自行处理
不知道	知道	都知道	员工们可能犯了错误或者想要联手对付班组长,此时需要细心观察员工的表情、反应,或用请外部人员来调查自己的方式来了解缘由

1. 现场沟通有什么好处

班组人员如果做好现场的沟通工作，可达到以下几个方面的目的。

（1）迅速解决工作中的问题。现场生产中各种问题总是层出不穷，必须不停地去面对。班组内面临的问题，必须要由全体成员一起来解决，但是如果信息交流不畅，双方之间就无法达成共识，也无法解决问题，就更别说提升产品质量了。

（2）促进上下级间的相互理解、信任，不断提高团队的凝聚力。一个团队中的任意两个成员，都是从陌生到认识，从不信任、不理解到逐步相互信任、相互理解。只有通过长时间的沟通交流，才能够产生信任、互相理解，这样才能提升班组的凝聚力。

（3）分工协作，达成共识，提升效率。班组中每一个成员的分工不同，他们之间只有通过沟通协调，才能知道各人的分工及个人要做的工作，这样才可以各自调整自己的工作计划和行为，迅速解决生产中所面临的问题。

2. 现场沟通有哪些技巧

班组长要想有效控制产品质量，在生产作业现场同下属进行沟通时应具备以下一些技巧。

（1）下达指示时内容要具体。作为班组长，在生产现场你是否曾下达过这样的指示。

"做完以后一定要自己检验一下，看有没有质量问题！"

"小心检查来料，看看有没有什么不良，要是有，统统给我拣出来！"

"凡是有异常的，一个也不要放过！"

如果班组长经常这样下达指示的话，那应替下属想想。

收到这样的指示，下属真的会按照指示去执行吗？如果执行了，真的就能达到要求吗？答案是：肯定不会。为什么呢？因为下属还没有"听懂"指示的真正含义与标准。比如，要看哪种来料的何种不良，自检要检查什么内容，从指示里根本听不出来。另外，如果下属是个新人，接到这样的指示，恐怕更是一头雾水，无从下手。

从以上分析可以看出，这个责任不在于指示接收方，而在于指示发出方。那么，在沟通过程中，班组长该怎样下达指示才算是有效的呢？以下可供班组长参考。

"今天在投入A公司的塑胶材料前,要全数检查其扣位是否有披锋、缺口、拉斜、闭塞等现象,具体规格参照客户送达的样品。"

"××半成品上机前,要全数检查内外箱、彩盒、胶袋是否用错,如用错,则整批退回仓库。"

"为了提高质量,这个月我们要全力研究塑胶件裂纹所引起的不良品,所以一定要收集工程内的相关数据。"

以上所列举的指示就非常具体,下属一接到班组长这样的指示就知道如何去做,而且在做完后一定会有结果反馈回来。总之,一个具体的指示里要有5W1H的具体内容,即:做什么事(what),谁去做(who),什么时候做(when),什么地方做(where),为什么要做(why),怎样去做(how)。

只要5W1H明确了,下属就一定会按照指示要求将事做好。同时,班组长在下达指示时,还要注意以下问题:

① 指示时可用口头谈话、电话、书面通知、托人传达、身体语言等传递方式。能当面谈话的就不要打电话,能打电话的就不要书面通知(规定文书除外),能书面通知的就不要托人传达。

② 发出指示、命令之前,可先从向下属询问一些相关联的小问题开始,通过下属的回答,把握其对所谈话题的兴趣和理解能力之后,再把真实意图亮出来。

③ 除了绝对机密的信息之外,对下属应说明发出该指示、命令的原因,而且是在自己认识、理解后发出的,不要做一个传声筒,如对下属说:"这是上面的指示,我也不知道为什么,你照办吧!"这样一来,下属的第一个心理反应就是:"你都不知道,叫我怎么做?"

④ 已发出的指示、命令,有时不得已要重新更正,但尽量避免朝令夕改。如一些对策和方法,班组长常常是发现一点更改一点,改来改去,不改又不行,搞得下属疲于奔命,此时应加以说明。如果不加任何说明,那么极易引发下属的不满甚至导致下属不予执行,下属难免抱怨:"天天改,说话一点都不算数!"

(2)让生产现场充满生气。让生产现场充满生气,这样下属才能集中精力做好自己手中的工作,力保产品的质量达标或提升。所以,班组长有必要让班组的生产现场充满生气。生产现场有无生气的比较如表2-4所示。

表2-4　生产现场有无生气的比较

无生气的现象	有生气的现象
• 生产现场的规则混乱，无人遵守 • 对稍微一点脏感觉不出来 • 员工不相信领导或上司 • 出现内部彼此告发的征兆 • 员工回避费时、费力的工作	• 有关生产现场的环境改善的提案多 • 生产现场的整理、整顿、清扫工作有序开展 • 生产现场的招呼声大，有轻松愉快的氛围，早上大声地相互问好，大声地传达指示命令，大声地回答命令等

使生产现场充满生气的对策如下。

① 班组长以身作则。在生产现场，班组长应该以身作则，在理解企业质量方针和自己地位的基础上，严格遵守产品操作规程，并带有使命感地工作，从而用自己的行为带动下属。

② 确立指示、命令系统。生产现场方针明确，指示命令一体化。

③ 确立报告制度。明确要求向发出指示、命令者一人报告就行。

④ 公平评价并反馈。班组长应对下属所做的事情进行公平的评价，并将评价结果传达给当事人。评价下属工作时多说激励下属的话，下属做得好就表扬，做得不足时要说："再进一步就好了。"

⑤ 让下属有独立思考、发挥的机会。班组长不是什么都靠发指示去管理，而应让下属根据自己的能力独立去思考。其实，对于在现场作业的下属来说，如果班组长只是给下属一个文件告诉他要怎样去做，要注意什么，可以做什么等，还不如直接将产品上、下限的样品给下属，让下属进行自主判定、自己发挥，只要下属能够很好地将操作的差异控制在企业所要求的可接受范围之内就可以了。

⑥ 帮助生产现场的下属。支持品管圈（quality control circle，QCC）的成长，创造生产现场以外的谈心机会。

⑦ 不发牢骚、不发怨言。在生产现场有时会遇到想发牢骚的情况，以班组长为首的成员要制造不说怨言的氛围。

为适应高速发展的业务需求，企业引进了一批新的生产设备，为了让下属能够尽快熟悉新生产设备的操作，迅速投入到工作中去，车间主任决定让车间所有下属进行为期两周的产品试做。这个消息一公布，就在车间里炸开了锅。一班班长孙某说："试做时间这么长，还老是要加班，这样太累了。"接着下属李某也附和道："是啊，上次试做之后也没有什么反馈，试做到底有什么用啊？"听他们这么一说，全班成员干脆停下手中的活，东一伙西一堆，就这事讨论开了，整个现场乱成一团。

⑧ 经常制定目标，为达到目标而努力。有关生产现场的业绩要告知全体人员，使他们有努力的目标。可制定与降低不良品率、解决交货期延误、降低成本、防止劳动灾害、完成改善提案的件数、品管圈的活性化等相关的目标，让大家来挑战并且达到这些目标。

七、适时关注下属情绪

"王班长，李姐她今天心神不定的，好像又有些地方做错了。要不明天你让我多干一点？"作业者小张在收工时对王班长说。李姐是老下属了，工作一直很认真，效率也高，很少出错。因此，王班长将她放在她们班最后的位置上，让她除了完成自己的工作外，还要顺便检查班里其他成员工作完成的情况。这样的安排也让李姐觉得很高兴，前段时间做得很开心，有时还会自己主动加班到很晚。可是近来，也不知道是怎么回事，李姐的不良品率一直居高不下，精神状态也不太好。因此，王班长决定找李姐谈一谈。询问之下才知道，原来李姐的儿子这些天患病毒性感冒，发高烧，丈夫又在外地工作，小孩一个人在家她不放心，只好放在婆婆家里，可婆家离自己家又远，她每天都得婆家、公司、自己家三个地方不停地跑，疲惫不堪，无法静下心来工作。

1. 下属情绪低落的时间点

（1）工作不顺心时。下属因工作失误，或因工作无法照计划进行而情绪低落，这时就是对下属进行安慰或鼓舞的最佳时机。因为人在彷徨无助时，希望别人来安慰或鼓舞自己的心情比平常更加强烈。

（2）人事调动时。因人事变动而调到本班组的人员，通常都会交织着期待与不安的心情，班组长应该帮助他早日消除这种不安。另外，由于工作岗位的改变，下属之间的关系通常也会产生微妙的变化，不要忽视了这种变化。

（3）下属生病时。不管平常多么强壮的人，当身体不适时，心灵总是特别脆弱。

（4）为家人担心时。家中有人生病，或是为小孩的教育问题等烦恼时，心灵总是较为脆弱的。

2. 探索下属心灵状态的方法

班组长不妨根据以下几个要点来观察下属的心理状态。

（1）脸色、眼睛的状态（眼里闪烁着光辉、神色咄咄逼人等）。

（2）说话的方式（声音的腔调、是否有精神、语速等）。

（3）谈话的内容（话题是否明确、措辞）。

（4）走路的方式，整个身体给人的印象（神采奕奕或无精打采）。

班组长要了解这些方法，然后加以运用，观察下属心灵的状态，给予适时的关注。

团队管理注意事项

一、主动和你的下属打招呼

班组长应主动和下属打招呼。如此一来，班组长就可顺便和下属谈及"工作情形怎样""最近生活情况如何"等话题，相互之间并不需要谈得很深入，即可沟通彼此的感情。一般而言，下属都是较害羞的，甚至有些年轻人还认为问候管理者是拍马屁的行为。只要班组长主动、诚心地对下属进行适时的问候，工作环境便可以变得明朗化。因此，作为班组长，当目光与下属接触时，就应面露笑容并点头示意或开口招呼对方。

由于快步疾走，刘某没和他的班长李某适时地打招呼，只得与班长一前一后，走进公司大门。

刘某对于自己当时不能坦然地说"早安"感到很难为情，虽然他对李某并没恶意，但由于个性腼腆，总感到难以先启齿。

其实，当刘某清早走过班长身旁的一刹那，心中曾期待着李某会从身后跟他打个招呼，然后他将转身向后恭敬地答礼，但他的期望落空了，又一次与班长擦肩而过。

打招呼是沟通意见的初步，不善于打招呼的人，必定是拙于自我表达的。因此，班组长应主动与下属打招呼，以拉近与下属之间的距离。

二、把握训斥与称赞的度

由于下属形形色色，素质有高有低，班组长若在管理中一味地追求一团和气是行不通的。因此，班组长对班组成员进行训斥与称赞都是必要的。

（一）训斥的艺术

能随机应变地改变训斥的方式，能训斥对方且令对方心悦诚服，这样才能算是一流的管理者。班组长训斥下属时，需要有适当的理由和环境。

> **特别提示**
>
> 班组长在训斥下属时，应清楚地告诉下属他的错误所在，这才是训斥的基本态度，切不可出现被训的下属不知道挨训原因的情况。

下属如果存在不按工作的基本程序而犯错的行为，在工作上不尽力而遭到失败的行为，违反道德（法律）规范及工厂规则的行为，如经常缺勤或有类似赌博的不良嗜好，班组长都应尽早发现，并严加关注。

班组长因为下属工作上的失误而训斥下属时，应将犯错下属分成生手与熟手两种。假如是生手犯错并已表示悔过，则以激励方式的训斥较妥。若熟手因积极向工作挑战而招致挫败，也不该过分责怪他。如必须责备时，应该以"因自己的指导不周，以致造成下属的错误"作为训斥的开场白。

> **特别提示**
>
> 班组长训斥时应准确地把握训斥的内容，在冷静地听取对方的解释后，对应该称赞的要加以称赞，而对该训斥的要毫不留情地斥责。

(二) 称赞的艺术

那么，该如何称赞呢？一定要根据具体情况，在合适的时间，用恰当的方式加以称赞，否则可能适得其反。

称赞时，与其一味使用技巧，不如富有人情味地说几句话。虽然称赞本身能提高下属的满足感，以及诱发其下一个目标的设定，但称赞的技巧是否高明，在一定程度上决定了是否能给人以激励。如果称赞某下属，只是为了让他拼命工作，或是被下属认为对其称赞有较强的目的倾向，班组长的努力就会化为泡影。

三、驾驭爱顶牛的下属

在班组日常工作中，不少班组长都遇到过与自己顶牛的下属。面对这种情况，如果处理欠妥，班组长很容易把与下属的关系搞僵，甚至激化矛盾，影响正常生产工作的开展。如果讲究一点策略，对顶牛的下属运用先"观"后"引"再"牵"的方法，则很容易驾驭他们，并能进一步赢得他们的信任。

(一) 观"牛"

观"牛"，即看清顶牛下属的来势，辨明其顶牛的原因，以便对症下药。

1. **造成顶牛的原因**

造成下属与班组长顶牛的原因是多方面的，班组长对此一定要头脑冷静、仔细观察、认真分析。

2. **遇到顶牛时的自我反省、分析**

班组长在遇到下属与自己顶牛时，首先要反省自己，仔细检查一下自己处事是否有失公正、工作态度是否倨傲、语言表达是否欠妥。其次要认真听取下属的陈述，冷静、客观地分析下属顶牛是出于何种心态。最后要换位思考，把自己置于下属的位置去考虑问题，分析顶牛的下属心里是怎么想的。这样一来，就不难找到降"牛"的办法了。

（二）引"牛"

引"牛"就是要避其锋芒，缓解对方的狂躁情绪，使之逐渐平息怨气，为其接受教育和安排创造有利条件。班组长在引"牛"时，需要采取的措施，具体如表2-5所示。

表2-5 引"牛"采取的措施

序号	措施类别	具体说明
1	要负责不指责	即使与自己顶牛的下属出言不逊、言辞激烈，也不要突然打断他的话或者不让其把话说完，更不要冷嘲热讽，进行过分指责，而要以认真的态度给顶牛的下属一个负责任的印象
2	要顺气不赌气	对顶牛下属的不良表现和故意顶撞行为，班组长不要太在意，与之赌气；相反，要善于运用沉默，让顶牛的下属先宣泄一番，否则，针尖对麦芒，势必两败俱伤。只有宽容地对待顶牛的下属，先顺其气，才能有效地进行规劝和引导
3	要耐心不灰心	班组长要有博大的胸怀和足够的信心，对顶牛下属的合理建议要予以肯定，正确的意见要予以采纳，以便尽快缩短与对方的感情距离，通过自己耐心细致的工作为下一步的"牵"打好基础

（三）牵"牛"

牵"牛"，即抓住最佳时机，针对顶牛下属的不同态度和存在的思想问题进行教育，使之转变认识，提高觉悟。班组长牵"牛"时采取的措施，具体如表2-6所示。

表2-6 牵"牛"采取的措施

序号	措施类别	具体说明
1	晓之以理	对待那些因对班组长有片面看法和不正确认识而顶牛的下属，班组长要摆事实，讲道理，剖析其思想根源，并有针对性地进行教育，不能一味迁就。要使其明白，有一定的想法可以理解，但要获得成功，必须靠骄人的业绩，从而使其认识问题并改正错误
2	动之以情	对待那些因班组长自身原因而导致下属顶牛的，班组长要勇于承认错误，开展自我批评，并向下属道歉。如果下属对自己产生了误解，则要尽快讲明情况，消除误解。对由下属自身的原因而导致顶牛的，班组长要弄清情况，区别对待。比如，对在家庭中或社会上受了委屈而与自己顶牛的下属，班组长要予以理解和同情，甘当出气筒，以自己的满腔热情引起下属感情上的共鸣，从而感化顶牛的下属

续表

序号	措施类别	具体说明
3	导之以行	面对顶牛的下属,班组长要以宽广的胸襟、高尚的情操和模范的言行在具体的生产工作中作出表率,使顶牛的下属对自己的行为悔改。对待顶牛的下属,班组长不但不能挟嫌报复,还应采纳正确意见,采取广开言路的方法,变被动为主动,化解与下属之间的矛盾

总而言之,处理与爱顶牛下属的关系,关键在于班组长如何处理。只要班组长冷静观察、泰然处之,从中认真分析原因,巧妙对待,就一定能驾驭各种各样的"犟牛",使班组成为一个团结战斗的集体。这样,班组的生产工作一定能搞好。

四、善于使用有个性的下属

在一个生产班组,总有些有个性的下属。有个性的下属通常是指那些有棱有角、个性较强、不大好驾驭的人。这些人由于具有某一方面的能力或优势,往往不太容易被驯服,容易与班组长"较劲",甚至偶尔给班组长制造点"麻烦",令班组长颇感棘手。在班组生产工作中,如何驾驭有个性的下属,扬其长、避其短,使他们服从管理、听从召唤、为班组所用,是摆在每个班组长面前的一个难题。

(一)把握个性,给有个性的下属一片天

有个性的下属在生产工作中,优点和缺点都比较明显,一方面他们很少人云亦云、言听计从;另一方面又具有一股傲气,往往表现为我行我素、自以为是。班组长一定要摸准有个性下属的性格、脾气,洞悉他们的心态、情感,明确他们的愿望、要求。

(二)用其所长,让有个性的下属多露脸

有个性的下属在工作上往往有一手,思想上有主见,对上司不唯唯诺诺,渴望有用武之地。班组长要善于用其所长,为他们施展才干创造机会、提供平台。

(三)满足要求,使有个性的下属有盼头

班组的每个成员都有自己的欲望,但欲望有合理和不合理之分。对有个性的下

属提出的要求，班组长既不能置之不理，也不可一一答应，要认真分析，区别对待。

五、巧治下属的懒散作风

一些班组中，可能存在着一些得过且过、懒散懈怠、办事效率低下、打发时光混日子的下属。那么，班组长如何巧治下属的懒散作风，使其做到有令必行，有禁必止，有效地开展工作呢？

（一）定岗位

一个班组，如果岗位设置不合理、不科学，职责不明确，则会导致工作中互相扯皮、互相推诿，好事抢着干、难事无人问或者干好干坏一个样的现象，这样会极大地伤害下属的工作积极性。因此，班组长需根据实际情况设置工作岗位，因事设岗、因岗择人、一人一岗、一岗一责，做到岗岗不虚设、人人有事干、事事能干好。

（二）明职责

没有规矩不成方圆。班组要因岗定人、因岗定责、责任到人，对生产工作职责要力求明晰、细化、量化，对目标、要求、考核、奖罚等诸要素要做到让人一目了然。明确了生产工作职责，就大致规定了下属工作的范围、内容以及完成此项工作的时间和质量要求等，使下属有章可循、目标明确。

（三）勤督查

班组长要想改变下属在生产工作中的懒散作风，最好的办法就是对他们实行跟踪控制、过程管理、随机管理，同时勤于督查。在勤于督查的过程中，班组长要及时发现下属工作中各个环节的成绩或纰漏。好的要加以肯定，及时通报表扬，或给予奖励；错的要及时提醒，善意地帮助下属改进，避免出现重大失误。

（四）重奖罚

一般企业都会制定奖罚制度，班组长在执行奖罚制度时要不偏不倚。工作奖罚要多形式、多层次、各有侧重，如在评选先进、岗位调整、奖金分配等诸多方面可不同程度地有所体现。

六、驾驭"摆老资格"的下属

班组生产工作中,总有那么一些人,仗着在班组工作时间较长,工作上勉强应付,话语中夹枪带棒,行事上阴阳怪气,交往中拉帮结派,动不动就与班组长讨价还价、提要求,个人利益稍微受损,就撂挑子、闹意见。这种人在班组中被称为"摆老资格"的下属。如果班组长是"空降"而来或是从班组成员中刚刚提升上来的,遇到"摆老资格"的下属的概率就会很大。

做好对"摆老资格"下属的管理,可以增强班组的凝聚力和战斗力。那么,班组长如何驾驭"摆老资格"的下属呢?班组长可以采取的措施,具体如图2-5所示。

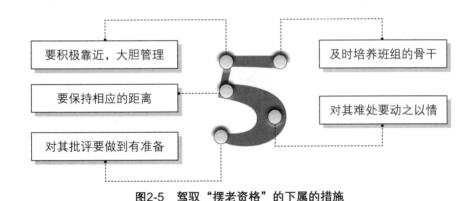

图2-5 驾驭"摆老资格"的下属的措施

(一)要积极靠近,大胆管理

班组中存在"摆老资格"的下属,可以说是一种很正常的现象。"摆老资格"的下属大都在一个班组工作的时间比较长,常常自以为见多识广,对任何事情都满不在乎。他们对班组长的指令、要求、安排等往往是听归听、做归做,个别的还会变着法给班组长出难题,与班组长唱"对台戏",有时候还会因其资历较深而影响班组其他成员的言行。因此,班组长必须秉持积极的态度,对"摆老资格"的下属要积极靠近,大胆管理,切不可因为不愿管、不敢管、不会管等,而对其疏于管理。

(二)要保持相应的距离

"摆老资格"的下属很大一部分是仗着在本班组待的时间较长,上上下下的人都熟,知道大家都碍于面子,不愿意撕破脸皮令其难堪。因此,班组长在日常生活和工作中,要有意地与"摆老资格"的下属保持一定的距离,与他们讲话要语调严肃,无论是向其交办公事还是个人私事,都不可靠得太近,更不可轻易接受他们的馈赠。

(三)对其批评前要做到有准备

"摆老资格"的下属由于经历较丰富,对企业的情况比较熟悉,因此无论是有意给班组长出难题,还是无意中做错了事情,往往都会强词夺理,寻找种种理由为自己的过错辩解。班组长如果不管三七二十一地对其进行批评,没有抓住其错误的要害和关键,往往很难达到批评教育的理想效果,甚至有时还会造成自己工作上的被动。

因此,班组长在对他们进行批评的时候,一定要事先对批评的方式、言辞、内容、场合等都做好准备,切不可在气头上冲动地作出决定,一定要做到批评得有理、有据、有力,只有用重锤敲才能使他们警醒。

(四)及时培养班组的骨干

"摆老资格"的下属对班组长还有一个常用的招数,就是撂挑子,以为自己在某一块业务没有人能替代,以此来要挟班组长,提出不合理的要求。因此,班组长必须注意在工作业务各方面培养一些积极、上进心较强的多能工,迅速提高他们的业务能力,以便在需要执行重大任务等关键时刻这些人能招之即来、来之即能胜任。这样,一方面有利于提高本班组的业务工作水平,提高班组的整体工作效益;另一方面又能使"摆老资格"的下属撂挑子的招数失去效果。

(五)对其难处要动之以情

工作和个人生活上遇到难处,是每一个人都会有的经历,这个时候是最需要别人伸手援助的,"摆老资格"的下属当然也不例外。班组长应该有容人之过的肚量。因此,当"摆老资格"的下属遇到困难时,班组长应该对其与对其他下属一样,及时伸出热情之手,帮助他顺利渡过难关,切不可因为以前的事而记恨下属,对困厄之中的下属不闻不问、不理不睬。"摆老资格"的下属也是讲感情的,自然能够体会到班组长的真诚和关心,以后在生产工作中自然会有好的表现。

七、影响和改造"老油条"

"老油条"多指那些玩世不恭、油腔滑调、不求进取,且具有一定资历的人。多数班组都有那么几个"老油条"。由于"老油条"们在班组里有一定的资历,有的人缘还比较好,有一定的影响力,班组长如若与他们的关系处理不好,很可能形成行使领导权力时较难跨越的障碍。班组长与"老油条"们打交道,应当从以下两个方面努力。

(一)要容得下"老油条"

一个班组里之所以产生"老油条",自然有适宜其滋生的土壤和环境。他们之所以称得上是"老油条",自然是经过长时间"油炸",具备了"弃之不能,食之无味"的资历。因此,班组长在与"老油条"们打交道时,先要有容人之量,切忌操之过急。

1. 要容得下他们独特的为人处世习惯

表面上,"老油条"们对所有的人都很恭敬,但实际上,他们往往对班组长不够尊重,玩世不恭,对生产和工作不够重视,对生活也懒懒散散,内心深处是对班组长权威的漠视。对此,班组长心里要明白,要求所有下属对自己必须唯命是从、恭敬有加是不现实的。因此,班组长要容纳"老油条"们独特的为人处世习惯。

2. 要容得下他们的缺点

人无完人,每个人或多或少都有缺点,不同的是,绝大多数人尽量遮掩或者改正缺点,"老油条"们却放任缺点甚至有意放大缺点。其结果是,绝大多数人的缺点被隐藏了,而"老油条"们的缺点却毫无遮掩地呈现在班组长面前。假如班组长特别在意这些缺点,真正要上纲上线地把它们当作问题去处理,却又多半会查不出相关依据。这也是"老油条"之所以被称为"老油条"的原因。因此,班组长要正确对待"老油条"们的缺点,只要不是原则性问题,就要多包容。

(二)要善于改造"老油条"

优秀的班组长要不遗余力地改造"老油条"。

1. 分析"老油条"的成因

成为"老油条"的原因很多，有的是因为遭受了多次挫折的打击，有的是因为长期在一个班组工作产生了惰性，有的是因为思想认识问题等。班组长要认真分析他们之所以成为"老油条"的原因，多教育、多帮助、多关心、多理解、多支持，对症下药，从根本上给予帮助。

2. 从环境上铲除"老油条"生长的土壤

在一个班组中，"老油条"毕竟是少数，班组长除了以身作则影响他们以外，还要善于团结和激励大多数下属，形成积极向上的生产氛围，利用身边的同事帮助和改造"老油条"。

3. 从制度上去除滋生"老油条"的条件

严格执行相应的生产规章制度，如岗位责任制、责任追究制、奖惩激励制等。班组长要用规章制度规范和约束下属的言行，使"老油条"们在严格的制度管理下，增强生产责任感和紧迫感，自觉去掉身上的"油气"。

八、要不断激励员工

要想成为最好的班组长，一定要会激励员工，采用各种激励方法，让员工取得进步。一般而言，班组长常用的激励员工的方法具体如图2-6所示。

图2-6 激励员工的方法

（一）目标激励

目标激励包括设置目标、实施目标和检查目标三个阶段。在制定目标时须注意，要根据班组的实际业务情况来制定可行的目标。一个振奋人心、切实可行的目标，可以起到鼓舞士气、激励下属的作用，而那些可望而不可即或既不可望又不可即的目标，只会适得其反。班组长可以对班组或个人制定并下达切合年度、半年、季度、月、日的业务目标任务，并定期检查，使其朝着各自的目标去努力、拼搏。

（二）数据激励

对能够定量显示的各种指标，要进行定量考核，并公布考核结果，这样可以使下属明确差距，有紧迫感，迎头赶上。

班组长可以在每日、每周、每月、每季度、每半年的考核期中、结束后或者业务竞赛活动进行当中、结束后，公布团队或个人业绩情况，并让绩优者畅谈体会，分享心得，以鼓舞全体下属的士气。

（三）领导行为激励

一个班组长之所以能成功，关键在于其99%的行为魅力以及1%的权力行使。下属能心悦诚服地为班组长努力工作，不是因为班组长手中有权，权是不能说服人的，即使服了，也只是口服心不服。大部分原因是班组长有着好的领导行为，好的领导行为能给下属带来信心和力量，激励下属，使其心甘情愿、义无反顾地向着目标前进。

> **特别提示**
>
> 班组长要加强品德修养，严于律己，做一个表里如一的人；要学会推销并推动自己的目标；要掌握沟通、赞美及为人处事的方法和技巧。

（四）奖励激励

有研究发现人在无奖励的状态下，只能发挥自身能力的10%~30%；在有物质奖励的状态下，能发挥自身能力的50%~80%；在有物质奖励和适当精神奖励的状态下，能发挥80%~100%，甚至超过100%。

当物质奖励到一定程度的时候，就会出现边际效应递减的现象，而来自精神的奖励激励作用则更持久、更强大。所以在制定奖励办法时，要本着物质奖励和精神奖励相结合的原则。

> **特别提示**
>
> 奖励方式要不断创新,反复多次的刺激,作用就会逐渐衰减。奖励过频,刺激作用也会减少。班组长要通过恰当的奖励方式鼓励先进,鞭策落后,调动全体下属的工作积极性。

(五)典型激励

班组长要及时发现、总结典型,并运用典型(要用好、用足、用活)。比如:设龙虎榜;成立精英俱乐部;借用优秀员工的姓名,为一项长期的奖励计划命名;还可以给成绩优秀者放员工特别假期等。

(六)关怀激励

班组长要掌握照顾下属的技巧,具体如图2-7所示。

> ● **班组长照顾下属的技巧**
>
> 技巧一:能教导下属工作。不仅能教导下属如何处理事务,还能帮助下属早日完成工作。
>
> 技巧二:能告知下属有关企业的情形。
>
> 技巧三:能给予下属好好工作的机会。
>
> 技巧四:能指点下属有关工作的做法与工作态度。
>
> 技巧五:能面对面地交谈,并能直接帮助下属。
>
> 技巧六:能经常招呼下属。随时注意下属的健康状况,并悉心关照。
>
> 技巧七:能注意下属进步的情况。
>
> 技巧八:在下属日常生活方面能适当给予意见。

图2-7 班组长照顾下属的技巧

(七)集体荣誉激励

班组长通过给予集体荣誉，培养下属的集体意识，使下属为自己能在这样优秀的团队工作感到荣耀，从而形成一种自觉维护集体荣誉的力量。

班组长要善于发现、挖掘团队的优势，并经常向下属灌输"我们是最棒的"意识，让下属觉得自己所在的团队是所有同类团队中"最棒的"，最终使下属为荣誉而战。

团队的主管在制定各种管理和奖励制度时，要考虑形成集体意识和提高竞争力，如开展团队间的擂台赛、挑战赛等。这样既培养了集体荣誉感，又可激励下属。

(八)支持激励

班组长要善于支持下属的创造性建议，充分挖掘下属的聪明才智，使大家都创新，都创造。支持激励包括：

（1）尊重下属的人格、尊严、创造精神，爱护下属的积极性和创造性。

（2）信任下属，放手让下属大胆工作。

（3）当下属在工作中遇到困难时，主动为下属排忧解难，增加下属的安全感和信任感。

（4）当工作中出现差错时，要承担班组长自己应该承担的责任。

当班组长向上级夸赞下属的成绩与为人时，下属是会心存感激的，这样便满足了下属渴望被认可的心理，其干劲会更足。支持激励既是用人的高招，也是激励下属的办法之一。

九、不刻意掩饰自身缺点

首先，任何人都不可能完美，都有这样或那样的缺点存在。班组长没有必要在长时间相处的下属面前掩饰自己的缺点，而应在员工的面前呈现原本的自我。员工以自己的立场来看班组长，如果发现对方凡事都优于自己，自然不会对班组长抱有亲切感，而且自己往往会产生些许的自卑感；当知道班组长的缺点时，会有"原来他和我一样"的亲切感。如果彼此的关系能更进一步发展，员工甚至会油然而生想帮助班组长改正缺点。

其次，班组长要与员工打成一片，与他们一起行动。例如：员工在工作上遇到难题时，班组长应给予其建议或调配其他人来支持、帮忙；闲暇时与他们一起吃饭或娱乐等。

最后，必须要留意的地方，是与员工一起行动时，一定要采取积极的行动。例如：员工在工作上由于失误而需要加班或请其他同事帮忙，此时班组长若当着员工的面不情愿地向有关部门打电话道歉，或表现出不愉快的表情及态度，员工会立刻察觉到。这会使他们产生不良情绪，甚至认为遭到了羞辱。所以，班组长平日就得留意员工对自己的看法。

十、不要威胁下属

有些班组长常常使用威胁的语气和言语对下属安排工作或谈话，比如在安排一份难度较大的工作时常会说，"如果不能按时完成，你就给我走人""你应当明白你的处境，如果不按我的要求把事做好，你就要走人"等。

这些言语是基层管理中的大忌。它不仅不能促进工作按时完成，还可能会起到相反的作用，带来班组的不和谐，阻碍工作的顺利开展，使工作处于被动状态。威胁下属的害处具体如图2-8所示。

害处一 威胁会伤害自己和下属的感情

> 威胁不但会让当事人感到伤心、惶恐，而且旁观者听了也很不是滋味。旁听者至少会有两个想法：一是同情当事人，二是他会联想到是不是有一天班组长也会对他说同样的话。这样就有可能不仅不能促进工作，还极大地伤害下属的工作积极性和工作灵感

害处二 威胁会传递错误信息

> 班组长在说出威胁言语时，可能并没有多想，并不是真的想如何如何。但说者无心，听者有意，这样就有可能传递给下属一些错误的信息，使他们在听到这些言语后做出错误的事情，导致工作失败，得不偿失

害处三	威胁会让自己丧失威信

> 基层管理人员说出的威胁事项有时并不是基层管理权限所能决定的事。一个在单位工作了较长时间的员工是清楚这一点的,这样他就会不相信班组长所说的话,慢慢地就不再相信班组长说出的任何话。班组长的威信也就在不知不觉中一点点消失,直到所有人都不再觉得班组长说过的话值得信赖

图2-8　威胁下属的三大害处

其实,在现代社会强大的竞争压力下,每个人都会认真考虑自己的处境。也就是说,班组长根本没必要去用语言威胁下属、胁迫下属,只需营造出一种气氛让下属感受到如果做不好事就会受到相应的惩罚,这样班组长既不会使下属觉得没面子,也达到了管理的目的。

特别提示

在班组管理中,班组长不要对下属说出伤感情的威胁言语,而要营造出一种充满压力却又愉快的工作气氛,让下属在这种气氛下按班组长的思路去工作,从而达到良好的管理效果。

十一、避免对下属要求苛刻

班组长对下属的要求不能过于苛刻,对下属要求过于苛刻会产生以下三种问题。

(一)限制了他们自己做主的能力

班组长不可能一个人决定班组所有的事情,也不可能做所有的工作,这就是班组长为什么要有下属的原因。为了有效地发挥下属的作用,班组长需要合理配置"资源",让下属在不受干预的情况下,发挥出他们最大的工作热情和最高的工作水平,这样才可以成倍地提高班组的工作效率。

(二)让下属觉得得不到信任

作为班组长,如果你要求员工必须把他们每天做的每件事都一一汇报,做任何

事都要经过事先批准，一旦违反了规矩就遭到训斥，他们就会认为班组长对他们不信任。如果你对下属不信任，下属也会用不信任的方法来对待你。如果你掐着秒表，看他们出去吃午饭后什么时候回来，他们就会开始和你作对，对工作能推就推。如果你过分认真地检查员工生产的产品的每个细节，他们反而不担心产品的细节问题了，因为他们知道你这样吹毛求疵，总会找出毛病来的，所以他们没必要对产品质量精益求精。

（三）挫伤下属的工作积极性

对下属过于苛刻，会挫伤他们的积极性，导致他们对自己失去信心，从而对工作失去热情。班组长应以宽大的心胸看待和包容下属的行为和失误。

十二、尽量避免厚此薄彼

大多数班组长都会犯同一个错误，那就是以个人的好恶来对待班组员工。

（一）对下属厚此薄彼的影响

如果希望班组成员忠诚，班组长就必须对他们也忠诚。大多数员工都希望决定他们成功与否的因素是他们在工作当中的表现，而不是其他。如果班组长通过其他因素来判断员工表现的好坏，员工就会对班组长失去信任和信心。这种信心的缺乏将会导致频繁的人员流失、对忠诚的丧失以及怠工。

如果员工的报酬以及是否成功完全取决于班组长的个人好恶，那他们工作的动力何在？班组长个人喜好极端的表现便是一种歧视——包括对员工的年龄、性别及一些与工作无关因素的偏见。

> **特别提示**
>
> 当班组长的偏好变得明显以至于员工能够察觉到它的时候，说明这种偏好在班组长心中已经根深蒂固了。这种情况对员工对班组长信任度的打击是非常大的。

(二) 改正的方法

要改正错误最好的办法是防微杜渐。在偏好被他人察觉之前，班组长应该好好地审视一下自己的所作所为。

当班组长忍不住想要厚此薄彼时，要停下来问问自己：是因为他正确所以我站在他这一边，还是因为我想站在他这一边让他显得正确呢？如果是后者的话，赶紧打住，重新考虑一下决定。正确处理此类问题的唯一方法就是当被这种偏好引导时，要保持清醒的头脑。

班组长如果发现自己对某位下属亲密有加，甚至想跟他发展成很深的友谊或很亲密的关系，就需要和那个人进行一次推心置腹的交谈，因为让一个朋友监督另外一个朋友是很难的。

偏好，或有偏好的感觉是不可避免的。因此，当对一个班组员工非常青睐时，班组长应该问自己是跟其继续发展私人关系重要，还是跟其保持工作关系更重要？如果答案是私人关系更重要的话，那么班组长应继续问自己，两人当中谁应该另谋高就呢？

> **特别提示**
>
> 班组长如果发现自己始终刻意地跟一个或一些人保持距离，应该问问自己是否能够为这种行为找到合适的理由，是不是存在一种固定的模式？比如班组长可能经常回避一些人，这些人或者学历更高，或者身体条件更好。

十三、千万不要压制下属的发展

优秀的员工需要发展，班组长如果压制了优秀员工的发展，那他们的工作表现也会因为缺乏照料和激励而有所退化。为了不压制员工的发展，班组长可以采取以下措施。

（一）保证在一个团队中，每一份工作至少有两个人知道怎么做

拓展员工业务技能的一个最简单的方法就是让他们交叉培训。这不仅对员工个人发展有利，对班组长自己也有好处。比如，万一某个员工有紧急事务无法完成工作，班组长就可以调配班组其他成员完成这项工作，而无须从别的团队借调人手。

一份工作至少有两个人知道怎么做，这样可以使他们在其中一个人缺席或有紧急情况时互相帮助。完成这项工作的既可以是承担类似责任的员工，也可以是做不同工作但是希望在别的工种中一试身手的员工。这样既向员工提供了扩大他们眼界的机会，也增强了整个团队自身的工作能力。

（二）认真倾听下属的发展诉求

当听到下属说"我正在寻找具有挑战性的工作""这些烦琐的工作太无聊了，也许我该换个工作了"，班组长该如何反应，会马上意识到他们想升职加薪吗？也许下属是这么想的，也许正如他们平常所说的那样："我做这项工作已经很熟练了，现在只是想做一些有兴趣的事。"班组长要尽量抓住这个机会来了解下属已经掌握了哪些技能，考虑如果让他们再学一些新技术，班组的工作会不会做得更出色。当下属寻找新奇、刺激的事来做时，班组长心里要有底，掂量这些想法，然后鼓励下属通过各种途径来提高他们的技能。

（三）养成鼓励下属的好习惯

当员工表现优秀时，班组长要及时鼓励，如对员工说"做得好，看来你已经学会如何处理这些事情了，而且学得还不错"，或是"多亏你发现了我们作业中的错误，谢谢"。班组长应该让优秀员工知道自己已经认识到他们所作出的成绩并因此向他们表示感谢，员工如果感受到班组激励的氛围，他们会表现得更加积极。

第 3 章

严把产品质量关

（小A）

A:"老Q，这几次生产会议重点讲到了质量问题。我觉得质量的控制应该从班组抓起。"

Q:"是的，班组是企业产品的直接生产单位，是产品质量的直接监控者。班组生产工作开展的好坏，直接影响产品质量的优劣，而产品质量的优劣，决定着企业的竞争能力和经济效益，也决定着企业的生存和发展。因此，抓好班组产品的质量，是企业在日益激烈的市场竞争中立足的关键点。"

A:"既然产品质量如此之重要，那么作为班组长，我应该如何加强对产品质量的管理呢？"

Q:"班组长对产品质量的把控，应主要集中在生产环节上。班组长要从各个方面把好质量管理关，全面提升产品合格率，避免相关问题。这样，才能更好地实现产品质量的把控。"

A:"嗯，我就知道能从您这里也淘到'宝'。"

（老Q）

第一节

质量管理基础知识

一、什么是质量 ▶▶

质量是质量管理中最基本的概念，有些场合也使用"品质"来表达同一含义。不同的产品及同一件产品或同一项服务的不同方面，质量内涵都存在一定的差别。一般来说，质量内涵包括九个方面，具体如图3-1所示。

> **质量的内涵**
>
> （1）性能，主要指产品或服务的主要特性。
> （2）美学性，包括产品的外观，给人的感觉、嗅觉和味觉。
> （3）特殊性能，是指额外特性。
> （4）一致性，指一件产品或一项服务满足顾客要求的程度。
> （5）安全性，指产品可能存在的危险、伤害或有害性。
> （6）可靠性，指产品所具备性能的稳定性。
> （7）寿命，指产品或服务正常发挥功能的持续时间。
> （8）满意度，是指对产品质量的间接评价（例如声誉）。
> （9）售后服务，指解决顾客抱怨的问题并核实顾客的满意度。

图3-1　质量的内涵

二、什么是合格率

合格率是指合格产品的数量占所生产产品数量的比率。用公式表示为：

$$合格率 = \frac{合格产品的数量}{总共生产的产品数量} \times 100\%$$

有的班组长很容易满足于高合格率，其实就算是合格率高至100%，也并不意味着Q（quality，质量）、C（cost，成本）、D（delivery，交货期）得到了有效控制。

实际上，衡量质量好坏（Q、C、D有效控制）的指标是直通率或者称为一次性合格率，即从第一道投入工序开始，到最后一道产出工序为止，一次性通过所有工序的良品比率。

对于由多道工序连续加工而成的产品，其质量的好与坏，传统的做法是用合格率和批量合格率来评价。合格率通常以最后一道检查工序的良品数来计算，即使其他工序有不良品，只要修理好，并在最后一道检查工序合格通过，那就属于合格产品，不影响该批产品的合格率。这也是合格率这种计算方法的局限性，因为它不能全面地反映所有工序的质量状况，所以就算合格率达到100%，也并不意味着其他工序没有不良情况发生。

三、什么是直通率

直通率也就是常说的一次性成功率,即从物料加工到组装成品一次性成功的合格品的比率(合格品中不包括返修机)。如生产100件,检查有2件不良品,那么直通率即为98%。直通率是真正考核班组长质量绩效的一个指标。

产品从投入到产出的过程中,需要通过各种特性值、功能性、外观规格的检验,只有在各个检验点都没有任何不良的产品才能够称为直通产品。直通率可用来评价每天生产的产品当中有多少产品需要经过再调整或修理。通过直通率,可以得知以下几方面的内容。

(1)这种产品需要投入多少修理人员。

(2)哪个部分(岗位)不良产品比较多,可以适当增加人力,避免再调整或修理不及时而导致产出率下降。

(3)在下次生产体制(每日生产计划台数)变更时,提供工程设定的参考数值。

直通率低代表需要修理的产品很多。如果修理岗位数不足(或者修理人员设定不合理),会导致部分不良产品得不到修理就流入下一道工序。有些不良产品被发现后不能进入下一道工序,这时就需要撤离生产线,最终导致产出数不足。如果要挽回产出数,就需要投入更多的人力。

直通率的目标值须根据不同生产时期分别设定,稳定期直通率要求达到85%以上。也就是说,每生产100件产品最多只能允许有15件不良产品。直通率的计算公式为:

$$直通率 = \frac{总完成台数 - 不良产品台数}{总完成台数} \times 100\%$$

四、什么是样品

样品是代表企业质量达成能力的一种实物证明。它对外可向客户证明企业现阶段的质量水平,提高客户对本公司的质量信任度;对内则是质量检测与鉴定的依据。

在现场的一些重要的检查位,如目视检查位、最终检查位等,一般都会放置一些必要的样品,以帮助检查员准确地判定产品。现场的样品通常可以分为两大类,即:良品样品和不良品样品。良品样品也叫GOOD样品,不良品样品则叫BAD样品。GOOD样品的各项性能和外观指标均符合产品标准的要求,GOOD样品通常只有一个。BAD样品的某项性能或外观指标不符合标准的要求。BAD样品可能有很多个，这是因为不良情况总是千姿百态，各不相同，但在使用中一般只选取两三种具有代表性的BAD样品即可。

不管是GOOD样品还是BAD样品，都要放置在作业员的操作位置附近，并与作业指导书放在一起以方便拿取。对样品的日常管理按以下要点进行，如图3-2所示。

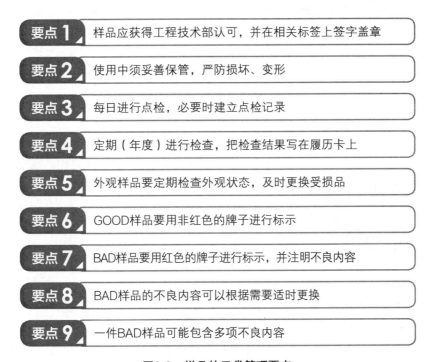

图3-2　样品的日常管理要点

要点1　样品应获得工程技术部认可，并在相关标签上签字盖章
要点2　使用中须妥善保管，严防损坏、变形
要点3　每日进行点检，必要时建立点检记录
要点4　定期（年度）进行检查，把检查结果写在履历卡上
要点5　外观样品要定期检查外观状态，及时更换受损品
要点6　GOOD样品要用非红色的牌子进行标示
要点7　BAD样品要用红色的牌子进行标示，并注明不良内容
要点8　BAD样品的不良内容可以根据需要适时更换
要点9　一件BAD样品可能包含多项不良内容

实战案例

保证提供样品准确

"又要返工，有没有搞错？"

"不是选过了吗？怎么又要选？"

"班长，你说说，到底要我们怎么选？我们就是按照你说的做的啊！怎么又有问题？我们不能老这样啊！"

员工小章、小月、小晴等人在连续几天加班之后一听说又要加班，一时间炸开了锅。

班长:"我们这次拿来的样品有问题,检验部说我们的弹簧弯曲角度太小,不符合要求。技术部那边给的样品是下限,而我们是把它当成中心样品来选别的样品,有些比这个角度还小的也在里面了,所以一定要把那一部分给找出来,大家再辛苦一下吧,晚上我请大家吃宵夜。"

一听班长这席话,大家也只好闷下头来干活。

从该案例可以看出,对于班组现场作业的员工而言,如果班组长只是给员工一个文件告诉他要怎样做、要注意什么、可以做什么等,可能都不如直接给员工样品那样直观。所以,只要将产品的上下限的样品给员工,让员工进行自主判定,就能够很好地将操作的差异控制在产品质量所要求的范围之内。那么,如果你是这个班的班长,应如何处理这个问题,或杜绝这类问题的发生?

样品要保管好

班长老杨:"小明,这批产品今天被检验部那边退了回来,你过来看看,怎么这批产品的颜色比前几批的颜色浅这么多?"

小明:"好像是哦,但我们也是照着样品来做的。"说着,就拿班上使用的样品过来给老杨看。对比了一下,确实是和样品一样,但还是感觉不太对劲。于是他们到仓库翻出存放好的产品,对比之下发现的确有所差异。经过一番了解,问题根源在于班组用的样品与仓库的样品在颜色上确有差距,色彩变浅了。这是由于样品平时没有保管好,被日光曝晒才变成这样的。

样品也有保质期,随着时间的变化,样品也会发生变化,因此在生产过程中,班组长一定要采取措施注意保证样品"不走样"。从保证产品质量这一点来看,样品的保管也是一项非常重要的内容。那么,作为班组长的你,有什么更好的方法来管理样品呢?

五、什么是QC

QC即英文quality control的缩写，中文意思是质量控制。有些推行ISO9000的组织会设置这样一个部门或岗位，负责ISO9000标准所要求的有关质量控制的工作，负责这项工作的人员就叫作QC人员，相当于一般企业中的产品检验员，包括进货检验（income quality control，IQC）员、制程检验（in-process quality control，IPQC）员和最终检验（final quality control，FQC）员。

六、什么是QA

QA是英文quality assurance的缩写，中文意思是质量保证，即通过建立和维持质量管理体系来确保产品质量没有问题。有些推行ISO9000的组织会设置这样一个部门或岗位，负责ISO9000标准所要求的有关质量保证的工作，负责这类工作的人员就叫作QA人员。一般包括体系工程师、供应商质量工程师、客户技术服务人员、六西格玛工程师、计量器具的校验和管理等方面的人员。

七、什么是QC手法

QC手法是指收集整理大量的数据，整理成通俗易懂的少量的数据，再与原来的数据作比较判断的手法。QC手法是由日本的企业总结出来的。日本的企业在提出并推行旧七种QC手法获得成功之后，1979年又提出新七种QC手法。

（一）旧七种QC手法

QC旧七大手法指的是检查表、层别法、柏拉图、因果图、散布图、直方图、管制图。

（二）新七种QC手法

QC新七大手法指的是关系图法、KJ法（A型图解法）、系统图法、矩阵图法、矩阵数据分析法、PDPC法（过程决策程序图法）、网络图法。

第二节 质量管理最优方法

一、强化质量意识教育

强化质量意识是抓好班组产品质量的思想基础，班组长进行质量意识教育要做好以下两点：

（1）教育班组成员牢固树立"质量第一"的思想，懂得产品质量是关系企业前途命运的大问题。优质产品能使企业兴旺发达，劣质产品会使企业亏损甚至倒闭。作为企业的一员，物质产品的直接生产者，要有"企业光荣我光荣，企业受益我受益，我与企业共命运"的高度主人翁责任感，以一流的工作质量，为企业生产出优质产品。

（2）教育班组成员懂得产品质量优劣与生产数量、发展速度、经济效益等的密切关系，没有产品的高质量，就谈不上生产的高速度，优质才能有效地增产，从而增加效益。产品质量低劣，是生产中最大的浪费，要克服那种只重视产量而忽视质量的错误思想。

二、严抓平稳操作

平稳操作是提高产品质量的关键环节。平稳操作就是要稳定工艺，要注意以下三点。

（一）抓好交接班

交接班是了解上一班生产、工艺、质量、安全、设备运行及遗留问题等的过程，对于稳定下一班生产工艺和质量至关重要，要严格按交接班要求进行交接。

（二）严格执行操作规程

要求班组成员能熟练掌握技术规程的主要内容，如工艺操作法、工艺条件、工艺参数、安全技术要求等，确保严格按照技术规程进行操作，特殊情况听从班组长或上级指示进行调整。

（三）开展岗位练兵，提高技术素质

岗位练兵是以练基本动作、基本技能和学习基本理论为主，紧密结合生产实际进行实操训练。通过岗位练兵活动，不断提高班组成员的技术水平，增强岗位实际操作本领，从而在生产过程中同生产工具实现最佳结合，达到优化生产、提高劳动效率的目的。

三、开展QC小组活动

QC小组活动是群众性的质量攻关活动，是全员参与质量管理的好形式。班组长要在生产过程中充分发挥班组成员的聪明才智，开展好此项活动。组织攻关、小革新、小改革和开展合理化建议活动，解决班组产品质量存在的疑难问题和薄弱环节，有利于提高工作质量和产品质量，提高经济效益。

QC小组人员不宜过多，一般以3～10人为宜。QC小组的活动可按以下步骤来进行，具体如图3-3所示。

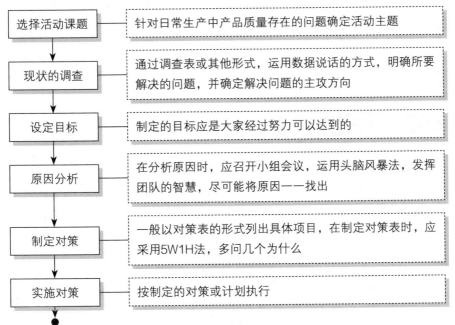

图3-3

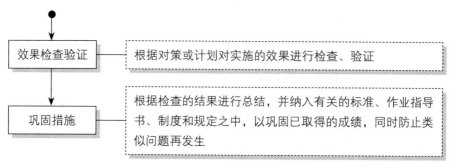

图3-3　QC小组的活动步骤

四、首件确认后才批量生产

现场管理中通过对第一件（或第一批）产品进行检验确认，可以避免发生批量性生产错误。在通常情况下，每班或每种产品投入生产后产出的第一批产品被认为是首件，如果首件检验合格，则说明目前的制程符合要求，可以批量投入生产；反之，则说明需要改进。至于具体的首件产品数量是多少，则要根据生产的特性来确定，一般的原则是5件。

（一）首件的产生

各班组要把每天或每个机种开始生产的前5件产品送质量部检查，从中挑出一个合格品作为首件产品进行管理；如果检查中发现没有合格品或产品严重不良，则说明目前的制程不良，不能批量投入生产。

（二）首件的确认与管制

首件产品由质量部人员判定合格后，由现场班组长接收并确认，确认后首件产品连同其检查表一起放置在现场的首件专用台上，直到本首件管辖的时段（最多一天）完成为止。首件产品要按程序文件规定的方式去管理，主要管理事项包括签收、贴标签、建台账、更改、承认、发出等。

（三）首件的用途

首件产品经质量部检验合格后，班组长可以用它来和制程中的其他有问题的产品进行对比,以确保质量的一致。

五、控制好4M1E

(一) 4M1E

在生产加工中,由同一操作者,对同一工序,使用同一种材料,操纵同一设备,按照统一标准与工艺方法加工出来的同一种零件,其质量特性值不一定完全一样,这就是产品质量的波动现象。引起这种质量波动现象的主要因素是人(man)、机器(machine)、材料(material)、工艺方法(method)和环境(environment),简称为4M1E,具体如表3-1所示。

表3-1 4M1E的具体说明

序号	因素类别	具体说明
1	人(man)	任何机械加工都离不开人的操作,即使最先进的自动化设备,仍需由人去操作和控制
2	机器(machine)	机器设备是保证工序生产出符合质量要求的产品的主要条件之一
3	材料(material)	在生产加工中,工件材料的余量不均匀或硬度不均匀等,都可引起切削力的变化,致使工件产生弹性变形,从而影响工件的加工精度。对此应采取的控制措施有:加强材料的检验,提高毛坯的精度,合理安排加工工序
4	工艺方法(method)	工艺方法是实现加工制造的关键。正确的加工方法可以指导生产出合格的零件。不严格贯彻执行正确的工艺方法、违反工艺规程容易造成产品质量波动
5	环境(environment)	环境是指生产现场的温度、湿度、噪声、照明和现场污染程度等。由于生产产品的工序不同,所需环境条件也不相同,所以,应根据工序要求选择相适应的环境条件

(二) 4M变更的原因

4M变更的原因,具体如图3-4所示。

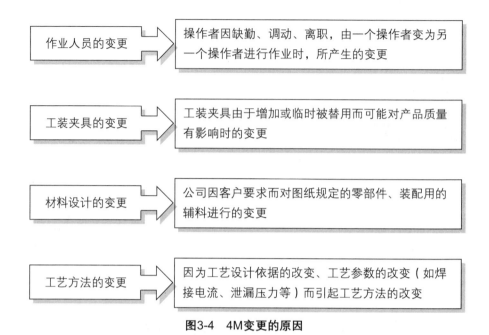

图3-4 4M变更的原因

（三）变更处理方法

班组长将变更的内容填入变更申请书，交车间主任签字后送到质量部，由质量部经理确定质管方面须确认的内容。变更发生班组及相关部门收到质量部发送的变更申请书（见表3-2）后，按要求实施变更。

表3-2 变更申请书

编号：　　　　　　　　制作：　　　　　　　　确认：

发生班组填写	变更类别：		发生区域：		数量：	
	组件名：		组件编码：		变更时间：	
	变更理由：					
	变更事项：					
发生班组填写	序号	工位	变更内容（含规格值）			备注

制成：　　　　　　　　　　　　　　　　确认：

续表

	序号	实施区	项目内容 （含规格值）	测量 （手法）	确认数量
质量部 填写					

1. 作业人员变更的处理方法

作业人员变更应按作业指导书要求安排员工训练，班组长每两个小时进行产品质量确认，直至培训合格为止。

2. 工装夹具变更的处理方法

在生产过程中，作业人员要确认用工装夹具控制的首件产品质量是否合格。如果不合格，则要求相关部门停止生产并重新检查该工装夹具的有效性。工装夹具变更后，装配出来的首件产品经技术人员确认合格后，应由质检员进行小批量生产的复检，确认质量合格后方可进行大批量生产。

3. 物料设计变更的处理方法

物料设计变更是指由于设计、生产、质量等因素需对产品进行规格、型号、物料、颜色、功能等的变更。生产过程中如果出现异常，应通知技术研发部门解析原因，并制定对策（必要时联络客户共商对策）。

同时，要特别注意的是，对生产日期、批量有要求的产品应该严格按照要求的生产日开始进行变更。对于旧零件，应具体情况具体分析，如表3-3所示。

表3-3　旧零件的处置方法

序号	类别	处置方法
1	可使用的旧零件	根据旧零件的在库总数量安排生产，确保旧零件优先使用
2	追加工后可以使用的旧零件	公司内追加工由工艺技术人员指示追加工方法，必要时制定上下限判定样本。当零件追加工完成后，一定要重新检验合格后才做入库处理，追加工记录和再检记录要予以保存
3	不可使用的旧零件	做好隔离和标示，按公司规定的程序实施报废

4. 工艺方法变更的处理方法

工艺方法有变更应修改作业指导书，并指导员工按新的作业方法进行作业，处理发生的异常情况，直到员工熟练为止。

（四）变更后产品质量的确认

各部门按照变更申请书的确认内容进行质量确认，确认结果记录在变更确认表中，最后返回质量部存档。

六、执行"三不原则"

"三不原则"（见图3-5）是许多企业的质量方针、质量目标或宣传口号。因为"三不原则"立足于保证产品质量，所以许多企业都在严格实施"三不原则"。

图3-5　三不原则

"三不原则"的实施促使每一个岗位、每一个员工都建立起"生产出使自己和客户都满意的产品"的信念，使一条无形的质量链贯穿生产的全过程，制约着每个操作者，使流程的各个环节始终处于良好的受控状态。在有序的良性循环中，全体员工通过优良的工作质量来保证产品的质量。

（一）不接受不合格品

不接受不合格品是指员工在生产加工之前，先对前道工序传递的产品按规定检查其是否合格，一旦发现问题则有权拒绝接受，并及时反馈到前道工序。前道工序人员收到反馈后需要马上停止加工，追查原因，采取措施，使质量问题得到及时解决，并避免不合格品的继续加工所造成的浪费。

（二）不制造不合格品

不制造不合格品是指接收前道工序的合格品后，在本岗位加工时严格执行作业规范，确保产品的加工质量。员工应确保作业前的检查、确认等准备工作充分到位；随时观察作业中的过程状况，避免或及早发现异常情况的发生，减少产生不合格品的概率。作业前准备充分并在过程中确认产品的正常生产是不制造不合格品的关键。只有不产生不合格品，才能不流出不合格品。

（三）不流出不合格品

不流出不合格品是指员工在完成本道工序加工后，须检查确认产品质量，一旦发现不合格品，必须及时停机，将不合格品在本道工序截下，在本道工序内完成不合格品的处置，并采取防止不合格品再出现的措施。本道工序应保证传递的是合格产品，否则会被下道工序的作业者拒收。

七、控制好换线质量

换线的实质是在一个短时间内变更体制，此时可能会因为忙乱导致质量问题发生，下面以组装生产线的切换控制为例来说明。

（一）切换的标志警示

对于流水线生产，某个产品全部生产完毕后，停下整条流水线，再布置另外一种产品的生产，称之为休克式切换法。这种方式非常稳妥，但浪费了时间，降低了效率。较好的方法是不停线切换方式，也就是在第一件切换产品上标示"产品切换"的字样，那么这件产品在往下流动的过程中就明确了它与前面产品的不同，从而引导下一道工序的员工用不同的方法来处理。

(二)首件确认

首件确认是指对切换后生产出来的第一件产品的形状、外观、参数、规格、性能等进行全面确认,可以是质检人员确认,也可以是工艺人员或者班组长确认。首件确认是最重要的确认工作,在首件确认中可以发现一些致命的批量性问题,如零部件用错等,所以要特别认真地对待。

(三)不用品的撤离标志

首件确认合格后,意味着切换成功,流水线可以连续地生产下去。但是对撤换下来的物料不可轻视,一定要根据使用频率进行安排放置,具体如表3-4所示。

表3-4　不用品的安排放置

序号	使用频率	放置场所
1	当天还要使用的	生产线附近的暂放区
2	三天内使用的	生产线存放区
3	一周内使用的	仓库的暂放区
4	一个月内使用的	重新入库,下次优先使用
5	一个月以上使用的	重新包装后入库

八、进行巡回质量检查

班组长在生产现场一定要定时对制造工序进行巡回质量检查,以便第一时间发现问题并予以解决。

(一)检查内容

巡回质量检查不仅要抽检产品,还要检查影响产品质量的生产因素,如人、机器、材料、工艺方法、环境。巡检以抽查产品为主,而对生产线的巡检,则以检查影响产品质量的生产因素为主,具体如图3-6所示。

▶ **生产因素的检查内容**

因素一：当操作人员有变化时，对人员的教育培训以及评价有无及时实施。

因素二：设备、工具、工装、计量器具在日常使用时，有无定期对其进行检查、校正、保养，其是否处于正常状态。

因素三：物料和零部件在工序中的摆放、搬运及拿取方法是否会造成物料品质不良。

因素四：不良品有无明显标志，是否放置在规定区域。

因素五：工艺文件（作业指导书之类）能否正确指导生产，工艺文件是否齐全并得到遵守。

因素六：产品的标志和记录能否保证可追溯性。

因素七：生产环境是否满足产品生产的需求，有无产品、物料散落在地面上。

因素八：对生产中的问题，是否采取了改善措施。

因素九：操作员工能否胜任工作。

因素十：生产因素变换时（换活、修机、换模、换料），是否按要求通知质检员到场验证等。

图3-6　生产因素的检查内容

（二）巡检要求

（1）应按照企业规定的检验频次和数量进行巡检，并填写好现场巡检表（见表3-5）。

表3-5　现场巡检表

拉台号：		班次：		组长：		日期：			
本班生产工单	序号	生产时间	工单编号	产品/工模编号	产品名称	装潢	颜色	工单数量	生产数量
检查时间									
巡回检查记录	来货与工单核对								
	模/夹具确认								
	工艺参数核对								

续表

本班生产工单	序号	生产时间	工单编号	产品/工模编号	产品名称	装潢	颜色	工单数量	生产数量

巡回检查记录	设备运行状态								
	有无QC签名								
	货品标示								
	货品摆放								
	不合格品标示								
	检查时间								
巡回检查记录	不合格品隔离								
	员工作业状态								
	环境保护状态								
	质量可否接受								

不合格处理	序号	时间	不合格项目及说明	生产签认	不合格处理	改善结果确认	备注

（2）应把检验结果标示在工序控制图上。

（三）问题处理

班组长在巡检中发现的问题应及时指导作业者或联系有关人员加以纠正，问题严重时，要适时向有关部门发出纠正和预防措施要求单，要求其改进。

九、及时处理不良品

（一）预防错误

不良品要仔细辨认，避免判断错误。加工工序内如果发生不良品，以及在检查工序过程中检出不良品，应交给初级管理人员（拉长、组长、班长）来进行确认；如QC（质量控制）检验出不良品，就应该交由管理人员（车间主任、主管）进行确认。

必须第一时间解决出现的不良品。造成不良品的原因很多，但是，如果信息及时反馈以及技术人员和管理人员能够紧密配合，大部分的不良品问题就可以得到解决。

> **特别提示**
>
> 为了避免在修理过程中出现新的不良品，在平时就应该对修理人员进行全方位的培训，修理人员不仅要会修理，还要养成自检的习惯，自检合格后才能重新投入生产。

要尽量一次检查完全部可以检查的项目，将所有不良的项目一一列出，方便修理人员一次性修理完毕，同时避免二次不良的出现。如在进行QC（质量控制）、QA（质量保证）检查时发现不良品，可以就此停住，但也可以继续检查下去（实在无法进行的除外），直到该检查工序所有的项目都结束为止，最后把所有不良品的项目一一列出来。

（二）建立标准

（1）直通率越高，额外修理的工时就越少；在线库存越少，损失就越低。

（2）直通率随着工序的递增而递减，越是往后，实现一次性成功的概率就越低。

（3）从单个工序来看，直通率就是合格率。

（4）修理后发生二次不良，只能等于或小于前工序一次不良之和。及时处理不良品，是提高直通率的最好方法。

> **特别提示**
>
> 由多重并列复杂的部件构成总装线的时候，部件本身的直通率与总装线的直通率就要进行单独计算，不适宜运用加权合并计算。

(三)寻求帮助

请技术人员在生产现场驻点,这样,生产中一旦出现问题,就能与技术人员协作解决问题。另外,要求QC人员、QA人员在中途随时进行检查。

(四)要求结果

在管理中总结经验,增强各工序之间的协作,减少不良率。

(五)一次做对

让合格率一次性达到100%。

第三节 质量管理注意事项

一、避免产品质量缺陷

班组长不仅自己应对产品质量缺陷有所认识,还应具备教育与培训班组成员判断各种来料、产品的质量缺陷的能力。

(一)产品质量缺陷严重性分级

《计数抽样检验程序 第1部分:按接收质量限(AQL)检索的逐批检验抽样计划》(GB/T 2828.1—2012)中规定,产品的缺陷分为致命缺陷、严重缺陷和轻微缺陷三级,具体如图3-7所示。

一级 致命缺陷（CR）

可能导致危及生命或造成非安全状态的缺陷（产品极其重要的质量特性不符合规定，或质量特性极其严重不符合规定）

二级 严重缺陷（MA）

不构成致命缺陷，但可能导致功能丧失或降低原有使用功能的缺陷（产品的重要质量特性不符合规定，或质量特性严重不符合规定）

三级 轻微缺陷（MI）

对产品的使用性能没有影响或只有轻微影响的缺陷（产品的一般质量特性不符合规定，或质量特性轻微不符合规定）。在检验实践中又把轻微缺陷分为一般轻缺陷和次要轻缺陷，这样就把缺陷严重性分为四级，分别用A、B、C、D来表示

图3-7　产品质量缺陷的分级

（二）缺陷的判别方法

班组长需具有对产品缺陷的判别能力，在实际生产中，要针对产品缺陷与员工进行沟通，不断积累相关知识。在此，提供几种不同产品缺陷判别方法，供读者参考。

范　本

电子元器件缺陷判别

序号	缺陷类别	表现方式
1	致命缺陷	（1）可能触及部位带电 （2）耐压测试不符合要求

续表

序号	缺陷类别	表现方式
2	严重缺陷	（1）参数、尺寸不符合要求 （2）功能失效 （3）氧化不能上锡 （4）开路、短路、无丝印、缺脚、严重破裂
3	轻微缺陷	（1）零件标记、符号不清晰 （2）轻微脱色

金属件缺陷判别

序号	缺陷类别	表现方式
1	严重缺陷	（1）尺寸不符合图纸和样品要求 （2）尖锐刮手的披锋 （3）外层电镀、油漆剥落，影响焊接（上锡不良） （4）变形影响装配 （5）生锈情况在60厘米外目测可见
2	轻微缺陷	（1）轻微凹痕不造成尖角 （2）外层电镀、油漆剥落，不影响上锡及外观 （3）轻微生锈，在30厘米外目测不易察觉外观性问题

塑料件缺陷判别

序号	缺陷类别	表现方式
1	严重缺陷	（1）尺寸不符合图纸和样品要求 （2）缺丝印、错丝印和颜色 （3）丝印字体、符号不能清楚辨别 （4）破裂、损伤、塞孔、断柱、变形，影响外观和装配 （5）披锋有尖锐刮手的感觉，在1米外目测可见 （6）在60厘米外目测可见刮痕、缩水、发白、气纹

续表

序号	缺陷类别	表现方式
2	轻微缺陷	（1）不影响装配及外观的轻微损裂 （2）在30厘米外目测不易察觉外观性问题

机械组合件缺陷判别

序号	缺陷类别	表现方式
1	严重缺陷	（1）参数、尺寸不符合要求 （2）功能失效 （3）缺零件和错零件 （4）零件变形影响功能和外观 （5）金属件锈蚀
2	轻微缺陷	（1）丝印不良不影响外观 （2）轻微污迹不影响功能

包装材料缺陷判别

序号	缺陷类别	表现方式
1	严重缺陷	（1）包装材料的字体、图案、颜色错误 （2）在30厘米处做外观检查，能立即发现的外观缺陷，如文字、图案模糊，污迹等
2	轻微缺陷	在30厘米处做外观检查，4~5秒才能发现的外观缺陷，如文字、图案模糊等

二、积极推行"三检制"

"三检制"是指操作者自检、员工之间互检和专职检验人员专检相结合的一种质量检验制度。相比于单纯依靠专业质量检验的检验制度，这种三结合的检验制度更有利于调动员工参与企业质量检验工作的积极性，增强他们的责任感。班组长必须熟练掌握质量管理"三检制"的具体内容。

（一）自检

自检就是操作者对自己加工的产品，根据工序质量控制的技术标准自行检验。自检最显著的特点是检验工作基本上和生产加工过程同步进行。

自检主要采用目测的方式，看本工序的产品是否合格，若合格则继续生产，不合格则立即返工。

操作人员在实施自检时，一定要确保作业的内容全部到位，如果需要标记则在确认无误后打上规定的记号。

自检的工作原理如图3-8所示。

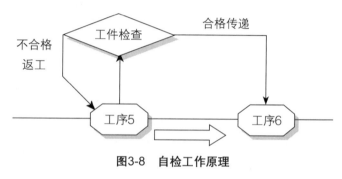

图3-8　自检工作原理

自检进一步可发展为"三自检制"，即操作者"自检、自分、自记"，具体如表3-6所示。

表3-6　三自检制

管理内容			确认者	评议者
操作者	自检	首件自检（换刀、设备修理）	检查员	检查员
		中间自检（按频次规定执行）	班长	班长
		定量自检（班组实测）	检查员	质检员
	自分	不良品自分、自隔离、待处理	班长	车间主管
	自记	填写三检卡	质检员	质量部
		检查各票证、签字	检查员	

(二)互检

互检是下一道工序的作业者在开始作业前,运用目检的方式,确认上一道工序的作业内容是否合格,合格则开始作业,不合格则反馈或放在一边。确认合格后有时有必要在操作合格的作业上做"合格"标记。

其原理如图3-9所示。

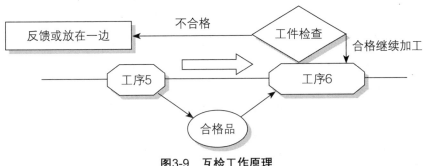

图3-9 互检工作原理

(三)专检

专检是指专门设立的检验工位,如QC、FQC、IPQC等(如图3-10、图3-11所示),这些工位在不同的企业有不同的管理归属。当划归质量系统专门管理时,班组长就没有什么直接管理责任;而当划归生产现场管理时,班组长则需要识别检验标准(如产品规范、指导书、样品等),制定检验方法(如全数检验、定量检验、巡回检验等),让人员实施检验,然后记录检验结果,及时向领导反馈。

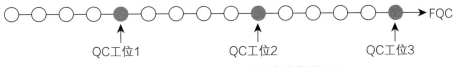

图3-10 QC与FQC在生产线中的位置图示

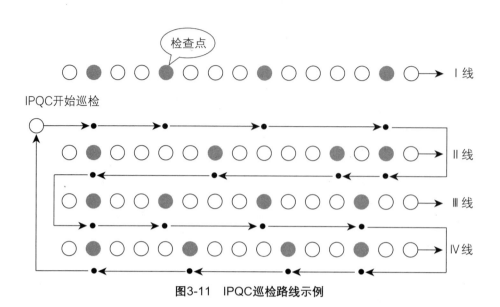

图3-11　IPQC巡检路线示例

三、严格遵守工艺纪律▶▶

工艺纪律是指企业在产品生产过程中，为维护工艺的严肃性，保证工艺能被贯彻执行，建立稳定的生产秩序，确保产品（零件）的加工质量和安全生产而制定的某些具有约束性的规定。工艺纪律是保证企业有秩序地进行生产活动的重要厂规、厂纪之一。

（一）工艺纪律对操作者的要求

操作者处于贯彻工艺、遵守工艺纪律、保证稳定生产优质产品的支配地位。操作者的工艺纪律是一项尤为重要的内容。工艺纪律对操作者的要求有：

（1）操作者的技术等级应符合工艺文件的规定，实际技术水平与评定的技术等级相吻合，确保达到本工序对操作者的技术要求。

（2）单件小批和成批轮番生产，关键和重要的工艺实行定人、定机、定工种；大批量生产，全部工序实行定人、定机、定工种。精、大、稀设备的操作者，应经考试合格并获得设备操作证。

（3）特殊工序的操作者，例如锅炉、压力容器的焊工和无损检测人员等，应经过专门培训，并经考试合格，具有工艺操作证，在证书有效期内才可以从事证书规定的生产操作。

（4）操作者应熟记工艺文件内容，掌握该工序所加工工件的工艺要求、装夹方法、加工步骤、操作要点、检测方法等，以及工序控制的有关要求，坚持"三按"（按图样、按技术标准和按工艺文件）操作。

（5）生产前认真做好准备工作；生产中集中精力，不得擅离工作岗位，保持图样、工艺文件的整洁，对加工零部件和量检具应按规定定点存放，防止磕碰、划伤与锈蚀；保持工作场所的整洁。

（6）认真执行"三自一控"或其他形式的自检活动，对技术文件中规定的有关时间、温度、压力、真空度、清洁度、电流、电压、材料配方等工艺参数，严格贯彻执行，并做好记录，实行质量跟踪。

（二）操作者违纪因素的控制

操作问题所造成的违纪，主要是操作者的责任。违纪现象、违纪原因及控制方法如表3-7所述。

表3-7 操作者违纪现象、违纪原因及控制方法

违纪现象	违纪原因	控制方法
无意差错造成违纪	（1）工作地光线暗，照明不足，看不清楚，造成误操作或误测量而违纪 （2）工作时间长，操作者因疲劳而造成误操作违纪 （3）环境噪声大，工作场所脏乱，造成操作者情绪不佳，不可能持续集中自己的注意力而误操作违纪	（1）为操作者创造一个良好的工作环境，如噪声小、窗明地净、照明充足等，尽可能地避免操作者疲劳和工作情绪不稳定，使他们能持续集中精力工作 （2）提高所用设备的自动化程度，对一些岗位应安装预防无意差错系统，例如采用连锁、报警装置，以减少人员的无意误操作违纪次数
技术性差错造成违纪	（1）设备陈旧，技术状况不佳，造成违纪 （2）检测方法落后，使测量结果不准确，造成误测违纪	（1）对陈旧设备进行更新，或安装数显或简易数控装置 （2）更新检测方法，尽可能采用综合性检查仪，或在线自动检测仪表，减少测量结果的误差

续表

违纪现象	违纪原因	控制方法
技术性差错造成违纪	（3）操作者的技能不熟练，水平低而误操作违纪	（3）培训操作人员，每项新产品或重要老产品投产之前，应对关键和重要工序的操作者进行培训；组织员工大练基本功，举行技术表演赛，提高操作者的技术水平 （4）制定内容详细、具体，能指导员工操作的工艺文件，并组织员工学习掌握，通过工艺文件的指导，提高操作者的技术水平
有意差错造成违纪	（1）操作者责任心不强，做事粗心大意，误操作而违纪 （2）操作者对管理人员工作作风等有意见；对奖金、工资等现状不满；有逆反心理而故意违纪 （3）追求产量多得报酬，违纪操作 （4）对某些工艺因素责任不清，标准不明确，操作者未去澄清而造成违纪 （5）领导和归口管理部门对工艺纪律未检查考核，违纪和不违纪同等对待，而造成操作者违纪	（1）做好思想工作，班组长以身作则，处理事情公正；班组长与操作者进行沟通，消除其不满情绪，增强操作者责任心 （2）建立工艺纪律检查考核办法，开展工艺纪律检查，日常检查和抽查相结合，做好记录，对遵章守纪者奖，对违纪者罚，奖罚分明，重奖重罚，严格治理 （3）开展工艺纪律竞赛，对遵守工艺纪律的模范操作者，给予表彰奖励，提高操作者遵守工艺纪律的自觉性 （4）指出违纪对质量及企业信誉可能造成的后果，增强操作者的责任心

（三）工艺纪律检查

员工要配合上级及质检部门进行工艺纪律检查，检查的内容如表3-8所示。

表3-8　工艺纪律检查表

对象	内容
操作者	（1）实行定人、定机、定工种，即"三定"，按规定取得设备或工艺操作证 （2）生产前做好准备工作，备齐图样、工艺文件和技术标准，熟悉并掌握工艺文件和技术标准对加工和工序控制的有关要求 （3）认真贯彻工艺规程，核查有关工艺装备、材料或在制品、设备、检测量具等是否符合技术文件要求，坚持按图样、技术标准、工艺文件（"三按"）进行生产和操作

续表

对象	内容
操作者	（4）按要求做好自检，对技术文件中规定的工艺参数，如温度、压力、时间、电流、电压、材料配方、真空度、清洁度等做好记录 （5）实行文明生产：本人所用设备及其附件清洁；所用工艺装备清洁无积屑，工具箱整洁，工具定置，按规定使用工位器具，在制品码放整齐，实行定置摆放；文明操作，工作时不吸烟，负责把卫生区打扫干净，保持通道畅通 （6）加工制品质量合格或工序能力达到要求的合格品率，特别是废品率在计划指标以内，未发生违纪的质量事故
转序工	（1）按规定的装卸方法搬运转序，轻拿轻放，以消除因装卸、搬运不当造成的制品磕碰、划伤 （2）在制品按定置区摆放；掌握在制品限额，如在制品超过限额应向工艺纪律检查人员报告 （3）对于异形零件，码放有特殊要求的，应按要求码放，其余在制品码放整齐
吊车工	（1）按转序挂钩工手势作业，贯彻安全作业规程 （2）轻吊轻放，消除因吊放造成的磕碰、划伤
清洁工	（1）按规定的间隔时间，及时清除责任区域的垃圾、切屑、杂物等，保持工作环境清洁 （2）清扫时避免零件磕碰、划伤或损坏

四、正确处理作业中的不良品

不良品是指含有一个或一个以上缺陷（不良）的产品。进行不良品控制，一方面要明确相关责任人的职责，另一方面要分析不良品产生的原因。

（一）不良品产生的原因

不良品产生的原因主要有以下几个方面，如表3-9所示。

表3-9 不良品产生的原因

序号	主要方面	具体原因
1	操作人员	（1）对操作人员培训力度不足，操作人员没有掌握作业要点就上岗操作 （2）操作人员缺乏作业标准、作业步骤和要点方面的知识

续表

序号	主要方面	具体原因
1	操作人员	（3）作业难度大，操作人员很难长期、持续、稳定地保持积极的工作态度 （4）对操作人员没有进行监管控制 （5）操作人员情绪波动大，作业失误多 （6）操作人员没有遵照工艺要求去操作 （7）操作人员睡眠不足、身体不适 （8）操作人员个性急躁、精神不镇定 （9）操作人员带病工作、没有气力
2	设备	（1）设备长期缺乏有效的保养、校正，精度不足 （2）操作人员经常违章操作设备，导致设备精度逐步下降 （3）设备本身不稳定，加工精度时好时坏 （4）设备使用的环境恶劣，使其性能不能完全发挥 （5）设备已经过了报废年限，出于成本考虑，继续在使用 （6）设备本身加工精度不足，不能满足产品的精度要求
3	材料（来料）	（1）材料使用错误（使用类似品） （2）来料不符合规格要求，勉强接收后造成成品质量与要求差距过大 （3）来料零件的规格不符合标准，安装后不能满足成品质量要求 （4）新技术、新材料、新专利等使用后产生的副作用 （5）来料不合格，没有进行检验或没有检验效果
4	作业特性	（1）判断复杂的作业 （2）难区别的作业 （3）费时的作业 （4）小心细致的作业 （5）单调的作业 （6）单位时间里作业量多的作业 （7）不能检查确认的作业
5	工作环境	（1）硬环境 ①车间的温度超标 ②车间的干湿度超标 ③车间的污染度超标 ④车间的照明不足或过强 ⑤座位设置过高或过低 ⑥车间噪声大 ⑦车间狭小、配置杂乱

续表

序号	主要方面	具体原因
5	工作环境	⑧ 车间震动大且频繁 ⑨ 错误的机械设置 （2）突发变化的环境 ① 旁边有人走过 ② 有电话打来或有人打招呼 ③ 接到紧急指示 ④ 突然停电、气、水等动力能源
6	测量（检验、检测）	（1）检验规格设定错误 （2）检验项目遗漏 （3）检验设备的精度不足 （4）检验人员的培训力度不足，能力不够 （5）检验人员没有按照检验标准去执行 （6）没有建立纠正预防措施或机制以防止同类问题再次发生 （7）没有检测工具或检测工具选择不当 （8）缺乏检测手段 （9）没有把握准确检测的基准面 （10）对判定标准不理解或理解有偏差
7	管理	（1）缺乏作业标准、作业指导书、图纸等 （2）作业指示不完整、不清晰 （3）对员工放纵听任 （4）监督检查确认力度不够 （5）意见交换（交流）、沟通不足，信息不通畅 （6）员工的操作培训力度不足 （7）员工的教育培训力度不足

以上这些因素只是不良品产生的一些主要因素，在实际的生产活动中，造成不良品的原因是多方面、多层次的，要从整体上进行分析并加以解决。

（二）不良品的处理

1. 作业人员对不良品的处理

通常情况下，对作业中出现的不良品，作业人员（检查人员）在按检查基准判定为不良品后，一定要将不良品按不良内容区分并放入红色不良品盒中，以便班组长对不良品进行分类和处理。

2. 班组长对不良品的处理

班组长应每两小时对生产线出现的不良品情况巡查一次,并将各作业员工位处的不良品,按不良内容区分并收回进行确认。

班组长应对每个工位作业员的不良判定的准确性进行确认。如果发现其中有误判的不良品,要及时送回该生产工位,向该员工确认其不良内容,并再次讲解该项目的判定基准,提高员工的判断水平。

一天工作结束后,班组长要对一天内生产出的不良品进行分类。

班组长应对某一项(或几项)不良较多的内容,或者是那些突发的不良项目进行分析(不明白的要报告上司求得支援),查明其原因,拿出一些初步的解决方法,并在次日的工作中加以改进。

当没有好的对策、方法或者不明白为什么会出现这类不良时,班组长要将其作为问题解决的重点,在次日的质量会议上提出(或报告上司),从而通过与他人以及上司(技术者、专业者)进行讨论,从各种角度分析、研究,最终制定一些对策并加以实施,然后确认其效果。

当日的所有不良品,包括那些用作研究(样品)或被分解报废的不良品,都要在当日注册登记在班组长的每日不良品统计表上,然后将不良品放置到指定的不良品放置场所内。

(三)不良品在现场的标示

为了确保不良品在生产过程中不被误用,工厂所有的外购货品、在制品、半成品、成品以及待处理的不良品均应有质量识别标志。

不良品要退回其专门区域处理。

1. 选择标志物

（1）标志牌。标志牌是由木板或金属片做成的小方牌，按货品属性或处理类型将相应的标志牌悬挂在货物的外包装上加以标示。根据企业标志需求，标志牌可分为"待验牌""暂收牌""合格牌""不合格牌""待处理牌""冻结牌""退货牌""重检牌""返工牌""返修牌""报废牌"等。标志牌主要适用于大型货物或成批产品的标示。

（2）标签或卡片。该标志物一般为一张标签纸或卡片，通常也称之为"箱头纸"。在使用时要将货物判别类型标注在上面，并注明货物的品名、规格、颜色、材质、来源、工单编号、日期、数量等内容。在标示品质状态时，质检员按物品的品质检验结果在标签或卡片的"品质"栏盖相应的QC标志印章。

（3）色标。色标一般为一张正方形（2厘米×2厘米）的有色粘贴纸。它可直接贴在货物表面规定的位置，也可贴在产品的外包装或标签纸上。色标的颜色一般分为绿色、黄色、红色三种，具体如表3-10所示。

表3-10 色标所代表意义及粘贴位置

序号	颜色	意义	粘贴位置
1	绿色	代表受检产品合格	一般贴在货物表面的右下角易于看见的地方
2	黄色	代表受检产品品质暂时无法确定	一般贴在货物表面的右上角易于看见的地方
3	红色	代表受检产品不合格	一般贴在货物表面的左上角易于看见的地方

2. 不良品标志要求

在生产现场的每台机器旁，每条装配拉台、包装线或每个工位旁边，一般都应设置专门的不良品箱。

对员工自检出的或班组长在巡检中判定的不良品，班组长应让员工主动将其放入不良品箱中，待该箱装满时或该工单产品生产完成时，由专门员工清点数量。

> **特别提示**
>
> 在容器的外包装表面指定的位置贴上箱头纸或标签，经所在部门的质检员盖"不合格"字样或"REJECT"印章后搬运到现场划定的不合格区域整齐摆放。

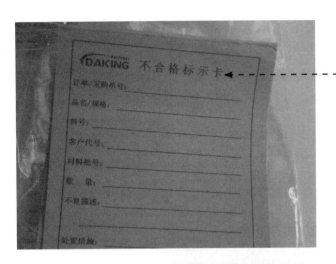

不合格标示卡一般用红色标签表示，很醒目。

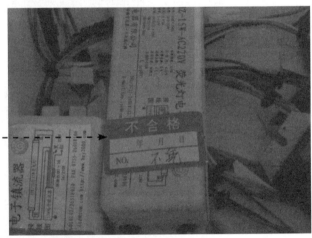

做好的产品经检测不合格，贴上红色标签。

在作业台旁边都放置了一个红色的不良品箱。

（四）不良品的隔离

经过标示的不良品应放置在有隔离措施的场所，这些隔离措施应能保证不良品易于识别，或不易被错误使用。

1. 不良品区域

在各生产现场（制造/装配或包装）的每台机器或拉台的每个工位旁边，均应配有专用的不良品箱或袋，以便用来收集生产中产生的不良品。

在各生产现场（制造/装配或包装）的每台机器或拉台的每个工位旁边，要专门规划出一个专用区域用来摆放不良品箱或袋，该区域即为不良品暂放区。

各生产现场和楼层要规划出一定面积的不良品摆放区用来摆放从生产线上收集来的不良品。

特别提示

所有的不良品摆放区均要用有色油漆进行画线和文字注明，区域面积的大小视该单位产生不良品的数量而定。

不良品隐藏在桌子底下是错误的，应放到不良品区域里。

2. 标志放置

对已做过判定的不良品，所在班组或责任人员无异议时，由责任班组安排人员将不良品集中打包或装箱。质检员在每个包装物的表面盖"REJECT"印章后，由班组现场人员送到不良品摆放区，按类型堆栈、叠码。

对质检员判定的不良品，责任班组有异议时，由班组长与所在部门的质检组长以上级别的质量管理人员进行交涉，直至公平、公正解决为止。

3. 不良品区域管制

不良品区内的货物，在没有质量部的书面处理通知时，任何部门或个人不得擅自处理或使用不良品。

不良品的处理必须由质量部监督进行。

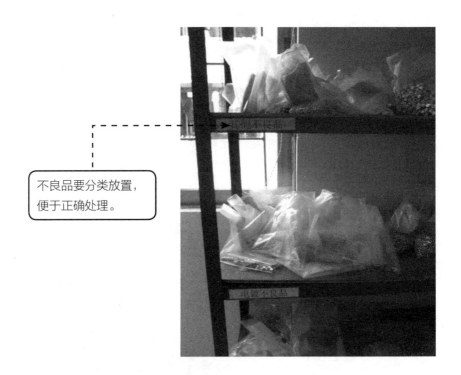

不良品要分类放置，便于正确处理。

4. 不良品记录

现场班组长或质检员应将当天产生的不良品数量如实地记录在当天的巡检报表上，同时对当天送往不合格区的不良品进行分类，详细地填写在不良品隔离管制统计表（该表应注明负责班组、工位、不良品变动情况、生产区编号等）上，并经生产部门或班组相关人员负责人签字确认后交质量部存查。不良品隔离管制统计表如表3-11所示。

表3-11 不良品隔离管制统计表

生产部门/班组： 　　　　　　　　　　　　　　　日期：

品名/规格	颜色	编号	工位	不良品变动			生产区编号	备注
				进	出	存		

质检员：

五、适时巡查现场

班组长在生产现场一定要按一定的时间间隔对制造工序进行巡回质量检查。这种检查不仅要抽检产品，还须检查影响产品质量的生产因素（4M1E——人、机器、材料、工艺方法、环境）。巡检以抽查产品为主，而对生产线的巡检，则以检查影响产品质量的生产因素为主。

第4章

打造零事故班组

（小A）

Q:"小A,怎么回事,你班组里出了点小事故,那个小刘现在怎样?"

A:"是啊,出了点小事故,还好,小刘没有大碍,他休息两天就可以上班了。这个小事故,虽然是小刘不按要求佩戴劳保用品造成的,但负主要责任的人应该是我。"

Q:"是的,你有这个认识很好。班组长在班组安全方面的责任是不可推卸的,因为班组长是班组的安全生产第一责任人,是完成班组生产任务的核心人物。因此班组长在管好生产的同时,必须管好安全。企业的许多工作任务都需要班组这个基础平台来完成,班组的安全基础管理是否做得好,关系到企业的发展和员工个人家庭的幸福。"

A:"嗯,班组是事故的多发地带,有的事故看起来好像是发生在班组,但实际上也和我们的安全管理不到位有着密不可分的关系。我想,打造零事故班组是成为最好的班组长所必备的一个要求吧。"

Q:"对,相信你一定会成为最优秀的班组长!"

（老Q）

第一节 安全管理基础

一、班组长的安全责任

班组长是班组安全生产第一责任人,同时又是完成班组生产任务的核心人物。这就决定了班组长在管好生产的同时,必须管好安全,否则在生产中发生不安全现象乃至事故,班组长的责任是不可推卸的。班组长的安全责任具体如图4-1所示。

> **班组长安全责任**

责任一：认真执行劳动保护方针政策、规章制度以及本企业和本车间的安全工作指令、决定等，对本班组员工在生产中的安全和健康负责。

责任二：根据生产任务、劳动环境和员工的身体、情绪、思想状况具体布置安全工作，做到班前布置、班后检查。

责任三：经常教育和检查本班组员工正确使用机器设备、电气设备、工夹具、原材料、安全装置、个人防护用品等。确保机器设备处于良好状态，保持成品、半成品、材料及废物合理放置，通道畅通，场地整洁。消除一切不安全因素和事故隐患。

责任四：对本班组员工进行安全操作方法的指导，并检查其对安全技术操作规程的遵守情况。

责任五：督促班组安全员认真组织每周的安全活动，做好对新员工、调换工种和复工人员的安全生产知识教育。

责任六：发生伤亡事故时，应立即报告车间领导，并积极组织抢救。除采取防止事故扩大的必要措施外，还应保护好现场。组织班组按"三不放过"的原则，对伤亡事故进行分析，吸取教训，举一反三，抓好整改。督促安全员认真填写员工伤亡事故登记表，按规定的时间上报。

责任七：积极组织开展"人人身边无隐患"活动，制止违章指挥和违章作业，严格执行安全否决权。

责任八：加强对班组安全员的领导，积极支持其工作。对各种安全生产档案资料做到制度化、规范化和科学化。

图4-1 班组长安全责任

二、班组成员的安全责任

班组长不仅要明确班组成员的安全责任，还要明确班组成员的责任意识。只有这样，才能更好地实现班组的安全管理。班组成员应做到以下内容。

（1）坚持"安全第一，预防为主"的方针，严格遵守企业各项安全生产规章制度和安全操作规程，正确使用和保养各类设备及安全防护设施，不准乱开、乱动非本人操作的设备和电气装置。

（2）上班前做好班前准备工作，认真检查设备、工具及其安全防护装置，发现不安全因素应及时报告安全员或班组长。

（3）按规定认真进行交接班，交接安全生产情况，并做好记录。

（4）积极参加和接受各种形式的安全教育及操作训练，参加班组安全活动，虚心听取安全技术人员或安全员对本人安全生产的指导。

（5）按规定正确穿戴、合理使用劳动保护用品和用具，对他人的违章作业行为有责任规劝，对违章指挥有权拒绝执行，并立即报告有关领导和安全技术人员。

（6）经常保持工作场地清洁卫生，及时清除杂物，确保物品堆放整齐稳妥，保证道路安全畅通。

（7）发生工伤等事故或发现事故隐患时，应立即抢救并及时向有关领导和安全技术人员（安全员）报告，应保护好现场，积极配合事故调查，提供事故真实材料。

三、安全的"多米诺骨牌"

美国的海因里希是著名的作业安全研究的专家，他以五个骨牌为例，来说明生产安全事故发生的原理，如图4-2所示。

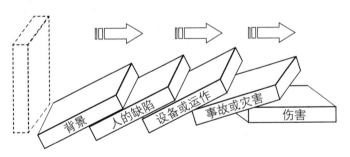

图4-2 灾害的发生与原因关系图

第五个骨牌是"伤害"，这个骨牌倒下去时，就表示伤害发生，而造成作业伤害的原因，是因为第四个骨牌倒下。

第四个骨牌是"事故或灾害"，发生事故、灾害时，结果必然会造成伤害，而第四个骨牌的倒下是因为受到第三个骨牌倒下的牵连。

第三个骨牌是"设备或运作"，灾害与事故的发生，是因为设备或作业动作有问题,这个骨牌的倒下是受第二个骨牌的影响。

第二个骨牌是"人的缺陷",人的缺陷是指人的身体状况不佳、作业知识不足、作业态度不良。第二个骨牌是因为第一个骨牌的倒下而倒下。

第一个骨牌是"背景",人原本就有自己的生活环境、生活习惯、居住的条件与工作的条件,第二个要因"人的缺陷"的发生,是个人的背景、条件产生的结果。

在一些作业员与某些企业的管理者眼里,灾害或事故的发生,是自己运气不佳导致的,是一种偶然事件。在看了海因里希的分析之后,企业的经营者与普通员工,就不得不对事故发生的根源,作深入的研究,并寻求解决的对策。

四、安全事故的两要素——物与人

尽管灾害或事故的发生有许多原因,但归纳一下,就可发现所有原因都可统归为"物"与"人"两个要素。灾害会发生,最主要的问题,就是在物与人两个要素中,出现了问题和缺陷。

物与人两个要素造成的事故及具体分析,如表4-1所示。

表4-1 物与人造成的事故及具体分析

事故原因	具体分析
物的原因 (不安全的状态)	(1)设施构造不良(如地板容易滑倒) (2)机械、器具、设备的缺陷(不安全的机械设备与工具常是造成员工作业伤害的主要原因) (3)通道与作业点的条件不良(如狭窄的通道与不安全的作业点,也是常发生事故的原因) (4)安全装置与标志不良 (5)采光与照明不安全 (6)工厂内部的整顿与清扫工作没有彻底地执行 (7)作业空间不充足 (8)材料或部分半成品不良 (9)作业的安全道具与护具不良或完全不具备安全装备(在一些工厂经常会看到员工作业时不穿戴安全护具或是企业为了节省经营费用而不提供安全装备,要知道安全装备的穿着,对预防灾害或事故的发生有着重要意义) (10)其他的条件

续表

事故原因	具体分析
人的原因（不安全的状态）	（1）程序分配、作业方式、作业时间等条件的安排有不合理的地方 （2）基本作业知识与技术不足 （3）工厂内的作业指导与教育培训工作没有彻底执行 （4）员工对工厂的规则与管理者的指示不重视，或管理者对作业规则与命令的执行疏于管理（如机械运转速度经常超越规定的限制等） （5）作业态度与行为不良（不在乎的工作态度与不良的私生活和行为） （6）作业动作与姿势不良（不合理的作业位置、危险的动作与不良的作业姿势，都是影响其他同事作业与造成事故的原因） （7）员工感情的兴奋与情绪的起伏 （8）员工身体不适 （9）员工身心不平衡（如与同事之间产生不和、对家庭的担心） （10）共同作业上的联络不充足

五、必须具备的安全意识

前文讲到，造成安全事故的原因中人的行为是一大因素。而人的各种行为受到意识的指使，如果安全意识不到位，很可能在工作中发生不安全的行为。所以，班组长必须致力于增强员工的安全意识，使员工在思想上从"要我安全"转变为"我要安全"。

安全意识是人多种意识当中的一种，是人特有的对安全生产现实的心理反映，是从企业领导到每一位员工对安全工作方面的认识和理解。安全意识的核心是安全知识，没有安全知识就谈不上安全意识。人的安全意识的实现既要通过思维获得，也要通过感知获得。安全意识对生产活动、进行安全操作有调节作用；反过来，生产活动也影响着人的安全意识的形成。

安全意识的内容包括以下几方面。

（一）安全第一、预防为主、综合治理的观念

安全第一、预防为主、综合治理的观念要求企业全体人员，确立"安全就是生命"的思想，坚持把安全作为企业生存和发展的第一因素。当生产和安全发生矛盾时，生产要让位于安全，不能因为赶时间、抢进度而忘了安全操作规程、忘了交代和布置安全工作。

（二）安全效益的观念

安全是一种生产力，安全投入是一定有产出的，体现在：一方面，事故发生率降低，损失减少；另一方面，安全方面的投入具有明显的增值作用，可以提高作业人员的工作效率。

（三）安全依靠科技的观念

若施工工艺粗糙，设备性能、质量差，生产安全就得不到保障。而利用先进的生产设备，采用完备的生产工艺，并提高员工安全意识，可大幅度地降低安全事故发生率。

（四）安全法制的观念

树立安全法制观念，有两层含义：

（1）安全法制观念的树立要求广大员工遵章守纪，在各项工作中严格遵守各项法律、法规和规章制度。

（2）安全监察工作要依法办事，对事故的处理必须按照法定的程序和制度办理，而不是随心所欲，把大事化小或把小事扩大。

（五）安全道德的观念

良好的安全道德观念是安全意识的最高境界，是安全文化培养的最高目标，也是当今安全管理方面的最高要求。在工作中，不使自己受到伤害，不伤害别人，凡事都要安全第一，不断学习业务技能，提高自身的安全防范能力等都是良好的安全道德观的体现。

（六）安全管理长期性观念

安全管理存在于企业生产活动的始终，进行有效的安全管理必须要有长期性观念。要做好安全管理，必须着眼于长远，制订安全计划、安全目标，不断创新安全管理方法，从而持续不断地加强企业安全管理。

六、安全意识薄弱的表现与原因

对于安全意识而言,许多人会存在侥幸心理,在心理上轻视安全的重要性,总是认为事故不会降临到自己的身上。

(一)安全意识薄弱的表现

安全意识薄弱的表现是指不重视安全意识的心理在人的行为、习惯中的体现,也就是外在的表现形式。

1. 自我表现心理

有这种心理的员工,喜欢在别人面前表现自己的能力,工作中常常表现得很自信,显得很有把握,即便是一知半解也充内行,不懂装懂,盲目操作,生硬作业。

2. 侥幸心理

有这种心理的员工,工作常常从图省事出发,不注意明确规定的安全事项,明令禁止的操作方法也照样去使用,凭主观感觉将安全操作方法视为多余的、烦琐的规定。

某工厂一电工在检修变压器时,明知进线刀闸带电,在无监护人的情况下仍独自架梯登高作业。由于身体离进线刀闸过近(小于0.7米),遭电击,从1.9米高处坠落撞击变压器,终因开放性颅骨骨折、双上肢电灼伤等,抢救无效死亡。该电工忽视了人体与10千伏带电体间的最小安全距离应不小于0.7米的规定,而且在无工作监护人的情况下独自违章作业,以致葬送了性命。

3. "经验"心理

持这种心理状态的员工多是凭自己片面的"经验"办事,对别人合乎安全规范的劝告常常听不进去,经常说的话是"多少年来一直是这样干,也没出事故"。

4. 从众心理

这是一种普遍的心理状态。绝大多数人在同一场合、同一环境下,都会有从众行为,如果别人都这样违章做了,他也跟着违章。如果没有人去纠正,这种违章现象会越来越多。

5. 逆反心理

这种心理状态主要表现为下属通过言行来"抗上"。持这种心态的员工往往有"你要我这样做，我非要那样做"的想法，由于逆反心理而违章工作，致使生产安全事故发生。

6. 反常心理

员工情绪经常受到生理、家庭、社会等多方面因素的影响。带着情绪上班的员工多数心情浮躁或闷闷不乐，在岗位上精力不够集中、分心走神，工作中往往容易发生安全事故。

2019年8月10日15时18分，某供电公司在112-4刀闸准备做合拉试验中，运行操作人员因安全意识薄弱，造成一起带电合接地刀闸的恶性误操作事故。原来，112-4刀闸消缺工作应该在112开关检修工作结束（工作票全部终结），并将112系统内地线全部拆除后，重新办理工作票。然而，在112-4刀闸准备做合拉试验时，运行操作人员未认真核对设备名称、编号和位置，错误地走到112-7接地刀闸位置，未经值日班长许可，擅自解除闭锁，将112-7接地刀闸合入，造成带电合接地刀闸的恶性误操作事故。经了解，该运行操作人员因家庭矛盾晚上没休息好，思想波动大，第二天操作时思想走神，从而导致事故发生。

在实际工作中，当员工因身体不舒服或家里有事情等情况，精神状态不好，不适合工作时，员工要马上向班组长提出来，经班组长同意后离开工作现场；班组长也要及时观察员工的情绪状态，发现有不良苗头时要主动询问，若有员工有不适情况，应要求员工离开工作现场，或调到危险性小的岗位，避免发生安全事故。

7. 冷漠心理

持这种心理的员工，缺乏主人翁意识，表现在对与自己无关的工作不闻不问，冷漠看待，常抱有事不关己高高挂起的心态，致使别人不愿意接近。

8. 紧张心理

有这种不良心理的员工，主要表现在工作业务技能低下，缺乏工作经验，应变能力差，遇事束手无策，不知道从何下手。

（二）安全意识薄弱产生的原因

部分人员安全意识薄弱主要由以下几种心理因素造成。

1. 对安全教育的忽视

安全教育对公司全体人员来说是件必不可少的事，但是很多员工却不在意。他们认为很多生产工作都是简单劳动，受不受安全教育不重要。这种心理只要存在就会对做好安全教育产生负面影响。

2. 对安全教育的厌倦

造成厌倦心理的原因有三方面：

（1）安全教育没有新内容。

（2）教育形式没有新变化，内容单调枯燥，在安全日时只是念念文件，学学操作技能，尤其在分析安全事故时，对人不对事的现象时有发生。

（3）管理人员的言行举止欠妥，使员工对安全教育产生厌倦心理。

3. 对安全活动的应付心理

有些员工认为只要在工作中小心一点，事故就不会发生在自己身上，参加班组安全活动是在浪费自己的时间，但不参加安全活动却面临绩效考核，所以虽然内心深处并不想参加，但还是勉强参加了活动，因此对活动的内容并不关心。另外，有的安全活动组织者缺乏专业知识，讲授的内容没有针对性，致使部分员工产生应付心理。

4. 对安全管理的逆反心理

部分员工产生逆反心理的原因是多方面的，主要表现为：

（1）管理者对员工的违章行为处理不当，如不能坚持原则，讲关系、讲情面，随意性大，对相关责任人处理不公，这些都会使部分员工产生反感和对立情绪。

（2）管理者对员工的违章行为以罚代教。当员工违章了，管理者不对员工进行说服教育，没有使员工从道理上明白为什么要做好安全管理，只是一罚了事，致使员工产生逆反心理。

（三）必须强化的安全意识

以下安全意识要不断地对员工进行灌输并使员工牢记在心。

1. 你的平安，是对家人最好的关爱

在进行安全意识培训时可以以员工亲人的身份去唤醒操作者的安全意识，这就是著名的"葛麦斯安全法则"。

人生最大的不幸莫过于幼年丧父（母）、中年丧偶、老年丧子（女），而事故是造成人生三大不幸的罪魁祸首，所以，在上班时一定要谨记"三莫忘"：莫忘子女的祝福，莫忘妻子（丈夫）的心愿，莫忘父母的期盼。

2. 学习安全知识，吸取教训

安全培训是企业给员工的最大福利，通过学习，员工可以知道什么是危险，哪里不能碰。安全学习有两种，一种是从自己的经验中学习，另一种是从别人的教训中学习。在安全工作中，应尽量不要从自己的经验中学习，也就是说避免出现安全事故，要多从以往的教训中吸取经验。

3. 不伤害自己，不伤害他人，不被他人伤害

"三不伤害"几乎涵盖了各岗位员工应遵守的安全管理规章所有的内容。

（1）不伤害自己，是工作中的最低标准。一是意识上不伤害自己，二是技能上不伤害自己，三是行为上不伤害自己。

（2）不伤害他人，是最基本的职业道德。害人就是害己，伤害了他人，自己也难逃处罚，要么是法律的制裁，要么是事故连带的伤害。

（3）不被他人伤害，是必需的职业规范。提高自我防范意识，是"不被他人伤害"最关键的一环。违章指挥不要听从，别人失误时要帮助改正，有安全经验要共同分享，从而保护自己免受伤害。

4. 安全连着你我他，防范事故靠大家

互联互保是为了安全建立起来的像伙伴一样的互助关系。员工之间应互相关照和提醒，实现利益共享。

5. 操作之时顾左右，相互之间要提醒

安全伙伴最重要的作用是经验分享，相互监督，最应该做到的是关照和提醒。

（1）调整心态。只要是善意的提醒，都应该接受。

（2）善用提醒。改变生硬的管理方法，把提醒用于现场安全的全过程。

有一种安全检查方式叫询问，还有一种安全管理方式叫请教。询问和请教，实质就是提醒。班组长可采用"五步追究法"来提醒对方，一般通过问五次"为什么"，就可以发现问题并找出对策。通过询问提醒员工思考问题，比先入为主的一通批评，更有助于问题的解决。

（3）提醒安全。提醒别人，也不要忘记提醒自己。要记住自己安全自己管，依靠别人不保险。

6. 只要在岗，集中思想；工作再忙，安全勿忘

设备好不如态度好，态度好才是真的好。管理措施再严格，如果员工手忙脚乱，也会滋生祸端。那怎样才能不乱呢？第一，做好准备，熟悉预案，避免手忙脚乱。第二，严守程序，绝不逾越，杜绝乱中出错。

7. 岗位危害我识别，我的安全我负责

要重视危害识别，因为不识别危害，最终会被危险所害。班组长要鼓励员工善于学习，掌握工具，使员工具备发现危害的能力。

（1）要识别危害必须要问自己三个问题：存在什么危险源？伤害怎样发生？谁会受到伤害？

（2）要会用危害识别的基本方法。员工参加安全活动时，应熟悉企业发放的各种危害识别表格，会正确填报。

（3）要掌握原材料特性和设备工作原理。发生异常情况时，员工能够根据工作原理作出正确判断。

（4）时时处处识别危害，不给隐患以可乘之机。作业前，要根据作业任务进行全面识别，进行事故预想，按照流程进行巡回检查，做好应急准备。作业中，要兼顾生产和安全的关系，不放松警惕，不麻痹大意，不放过任何一个疑点。作业后，要仔细检查，不给接班人员或者自己第二天的工作留下隐患。

8. 放过隐患，必有后患

隐患治理是安全工作的首要任务。发现隐患，应立即采取行动。不能立即消除或者不能独立消除的，必须向上级报告，但不能坐等上级解决，因为在等待的过程中很可能就会发生事故，所以，必须立即采取切实可行的补救措施，然后才可以按

程序解决根本问题。

9. 习惯性违章，不能习惯性不管

习惯决定安全。习惯性违章是不良的工作习惯。每个员工都应努力把"习惯性违章"变成"习惯性反违章""习惯性守章"。

第二节

安全管理最优方法

一、关注现场作业环境

导致意外事故的因素中，环境因素是不可忽视的，通常脏乱的工作环境、不合理的工厂布置、不合理的搬运工具、不良的采光与照明、危险的工作场所都容易造成事故发生。因此，班组长在安全防范中应对作业环境加以关注，对生产现场加以整理、整顿，平时一定要留意以下事项。

（1）作业现场的采光与照明是否足够。

（2）通气状况是否良好。

（3）作业现场是否充满了碎铁屑与木块，是否会影响作业。

（4）作业现场的通道是否够宽，是否有阻碍物存在。

（5）作业现场的地板上是否有油或水，其对员工的作业是否会产生影响。

（6）作业现场的窗户是否干净。

（7）防火设备是否能正常地发挥其功能，是否进行定期的检查。

（8）载货的手推车在不使用的时候，是否放在指定地点。

（9）作业安全宣导的标语，是否贴在最引人注意的地方。

（10）经常使用的人字梯、货品放置台是否有摆放不良的地方。

（11）设备装置与机械是否依安全手册置于最正确的地点。

（12）机械的运转状况是否正常，润滑油注油口是否有油漏到作业地板上。

（13）下雨天，雨具是否放置在规定的地方。

（14）作业现场是否放置有危险品，其管理是否妥善，是否做了定期检查。

（15）作业现场入口的门是否处于最容易开启的状态。

（16）放置废物与垃圾的地方，通风系统是否良好。

（17）日光灯的台座是否牢固，是否清理得很干净。

（18）电气装置的开关或插座是否有脱落的地方。

（19）机械设备的附属工具是否凌乱地放置在各处。

（20）员工对管理者的要求与注意点是否都能深入地了解，并依序执行。

（21）共同作业的同事是否能完全与自己配合。

（22）其他问题。

二、关注员工的状况 ▶▶

班组长在安排作业时，一定要多加考虑员工的状况，千万不可为了赶工，而苛刻地要求员工做超时的作业，这是很危险的作为。员工在追求高效率作业时，也要适时地调整自己的身体状况，不可以在企业安排的休养时间，做过度刺激的娱乐活动，这样不仅会失去休养的意义，还会降低工作效率，在最糟时，甚至会导致悲惨的事故。

班组长对班组成员在作业中的情绪尤其要加以注意，不良情绪往往是事故的肇因。通常来说，班组长要留意以下事项：

（1）员工对作业是否持有轻视的态度。

（2）员工对作业是否持有开玩笑的态度。

（3）员工对管理者的命令与指导是否持有反抗的态度。

（4）员工是否有与同事发生不和的情况。

（5）员工是否在作业时有睡眠不足的情形。

（6）员工身心是否有疲劳的现象。

（7）员工手、足的动作是否经常维持正常状况。

（8）员工是否经常有轻微感冒或身体不适的情形。

（9）员工对与上司进行的作业联系和作业报告是否有怠慢的情形发生。

（10）员工是否有心理不平衡或担心的地方。

（11）员工是否穿着不整洁的作业制服或有违反公司规定的事项。

（12）其他问题。

及时关注员工情绪

最近车间的人都注意到女工小霞工作状态很差，经常心不在焉，心事重重的。这样下去，不仅严重影响整条流水线的生产效率，还可能因为一时疏忽导致意外发生。这天早晨，小英实在是忍不住，问道："霞姐，你怎么啦？我看你这段时间好像有心事。""哦！没有什么，只是家里有点事。我父亲生病在床，这几天还有吐血现象。我每天夜里都睡不好。家里只有我这份收入，如果我在家照顾他的话就没钱治病；如果继续工作，我又放心不下。""霞姐，那你可要小心啦，要不你去打包那边吧，那边的活轻松一点，你这里我来帮你做。""不行，班长肯定不让的，他这人你又不是不知道！"正说着，班长小赵过来了，"你们俩在说什么呢？我说小霞，你这些天干活老是心不在焉的，这会儿该干活的时候你又在这里闲聊，我说你们啊，怎么老是要我盯着才干活呢？小英，你也快给我到你的位置上去，没事少在这里交头接耳的。"小霞含泪低头继续干活，一见她这样，小英也不敢再吱声，回到自己的工位上接着干活。

当天晚上，小霞与同事一起操作滚筒烘干机进行烘干作业。她在向烘干机放料时，被旋转的联轴节挂住裤脚口摔倒在地。旁边的小英听到呼救声后，马上关闭电源让设备停转下来，才使小霞脱险，但她的腿部已严重擦伤。

三、监督员工穿戴劳保用品

劳保用品的最大作用就是保护员工在工作过程中免受伤害或者防止形成职业病。但实际生产中很多员工对此理解不够，认为劳保用品碍手碍脚，是妨碍工作的累赘。这就要求班组长持续不断地加强教育，严格要求，使之形成习惯，对员工未按规定穿戴劳保用品的情况绝不能视而不见。

（一）劳保用品的分类

劳动防护用品按照防护部位分为十类，具体如表4-2所示。

表4-2 劳动防护用品的分类

序号	类别	作用
1	安全帽类	用于保护头部，防撞击、挤压伤害的护具。主要有塑料、橡胶、玻璃、胶纸、防寒和竹藤安全帽
2	呼吸护具类	预防尘肺和其他职业病的重要护品。按用途分为防尘、防毒、供氧三类，按作用原理分为过滤式、隔绝式两类
3	眼防护具	用以保护作业人员的眼睛、面部，防止外来伤害。分为焊接用眼防护具、炉窑用眼护具、防冲击眼护具、微波防护具、激光防护镜以及防X射线、防化学、防尘等眼护具
4	听力护具	长期在90分贝以上或短时在115分贝以上环境中工作时应使用听力护具。听力护具有耳塞、耳罩和帽盔三类。听力保护系列产品有：低压发泡型带线耳塞、宝塔型带线耳塞、圣诞树型耳塞、圣诞树型带线耳塞、带线型耳塞、经济型挂安全帽式耳罩、轻质耳罩、防护耳罩
5	防护鞋	用于保护足部免受伤害。目前主要产品有防砸鞋、绝缘鞋、防静电鞋、耐酸碱鞋、耐油鞋、防滑鞋等
6	防护手套	用于手部保护。主要有耐酸碱手套、电工绝缘手套、电焊手套、防X射线手套、石棉手套等
7	防坠落护具	用于防止坠落事故发生。主要有安全带、安全绳和安全网
8	防护服	用于保护员工免受劳动环境中的物理、化学因素的伤害。防护服分为特殊防护服和一般作业服两类
9	护肤用品	用于外露皮肤的保护。分为护肤膏和洗涤剂
10	面罩面屏	用于脸部的保护。有防护屏、防护面屏、自动变光焊接头盔等

（二）监督员工佩戴和使用劳保用品

劳保用品不能随便使用，如操作旋转机械最忌戴手套。因此，班组长一定要监督并教育班组成员按照使用要求佩戴和使用劳保用品。在佩戴和使用劳保用品时，要防止发生以下情况。

（1）从事高空作业的人员，不系好安全带发生坠落。

（2）从事电工作业（或手持电动工具）时不穿绝缘鞋发生触电。

（3）在车间不按要求穿工作服，或虽穿工作服但穿着不整齐，敞着前襟，不系袖口等，造成机械缠绕。

（4）长发不盘入工作帽中，造成长发被机械卷入。

（5）不正确戴手套。有的该戴的不戴，造成手的烫伤、刺破等伤害。有的不该戴的反而戴了，造成机器卷住手套进而把手带进去，甚至连胳膊也被带进去的伤害事故。

（6）不及时佩戴适当的护目镜和面罩，使面部和眼睛受到飞溅物伤害或灼伤，或受强光刺激，造成视力伤害。

（7）不正确戴安全帽。当发生物体坠落或头部受撞击时，造成伤害事故。

（8）在工作场所不按规定穿用劳保皮鞋，造成脚部伤害。

（9）不能正确选择和使用各类口罩、面具，不会熟练使用防毒护品，造成中毒伤害。

老员工心存侥幸，终酿悲剧

某纺织厂有个规定，试车的时候不能戴手套。小明师傅是厂里的老员工，多次被厂里评为优秀员工，有很丰富的工作经验。也许正是这些经验让这位老员工存在一种侥幸的心理，他经常在试车的时候违规戴手套。碍于情面，班长小军也不好说他什么，就私下叫小刚去提醒他注意。小刚刚说完，小明就满不在乎地说："放心吧，不会有什么问题的。我吃的盐比你吃的饭还多呢！"

正是这丰富的工作经验让他存有一定的侥幸心理，认为自己不会出事，事故离他很远。结果，小明师傅的手套被绞入了机器，把他的手也带了进去，惨剧发生了。

四、运用目视法管理安全

目视法管理安全主要是利用颜色刺激人的视觉，达到警示的目的并给人的行动提供的判断依据，从而起到避免危险的作用。在工厂生产中发生的灾害或事故，大部分是由于人的疏忽，因此，有必要追究到底是什么原因导致人的疏忽，研究如何预防工作疏忽。

（一）安全色

利用安全色彩是预防工作疏忽的一种很有必要的手段。安全色的使用标准，具体如表4-3所示。

表4-3　安全色的使用标准

序号	类别	使用标准说明
1	红色	红色表示禁止、停止、消防和危险的意思。凡是禁止、停止和有危险的器件设备或环境，都应涂以红色标记
2	黄色	黄色表示警示。警示人们注意的器件、设备或环境，应涂以黄色标记
3	蓝色	蓝色表示指令，必须遵守的规定
4	绿色	绿色表示通行、安全和提供信息的意思。凡是在可以通行或安全的情况下，均应涂以绿色标记
5	红色和白色相间隔的条纹	红色与白色相间隔的条纹，比单独使用红色更为醒目，表示禁止通行、禁止跨越的意思，用于公路、交通等方面所用的防护栏杆及隔离墩
6	黄色与黑色相间隔的条纹	黄色与黑色相间隔的条纹，比单独使用黄色更为醒目，表示特别注意的意思，用于起重吊钩、平板拖车排障器、低管道等方面。相间隔的条纹，两色宽度相等，一般为10毫米。在较小的面积上，其宽度可适当缩小，每种颜色不应少于两条，斜度一般与水平成45度。在设备上的黄、黑条纹，其倾斜方向应以设备的中心线为轴，呈对称形
7	蓝色与白色相间隔的条纹	蓝色与白色相间隔的条纹，比单独使用蓝色更为醒目，表示指示方向，用于交通上的指示性导向标
8	白色	标志中的文字、图形、符号和背景色以及安全通道、交通上的标线用白色。标示线、安全线的宽度不小于60毫米
9	黑色	禁止、警告和公共信息标志中的文字、图形都应该用黑色

（二）安全标志

（1）禁止标志。禁止标志的含义是禁止或制止人们要做某种动作。其基本形式是带斜杠的圆边框。

（2）警告标志。警告标志的含义是促使人们提防可能发生的危险。警告标志的基本形式是正三角形边框。

（3）命令标志。命令标志的含义是必须遵守的意思。命令标志的基本形式是圆形边框。

（4）提示标志。提示标志的含义是提供目标所在位置与方向性的信息。提示标志的基本形式是矩形边框。

（5）补充标志。补充标志是安全标志的文字说明，必须与安全标志同时使用。

> **特别提示**
>
> 补充标志与安全标志同时使用时，可以互相连在一起，也可以分开。补充标志分为横写和竖写两种。当横写在标志的下方时，其基本形式是矩形边框；当竖写时则写在标志杆的上部。

（三）安全标语

在工厂的各个地方张贴安全标语，提醒大家重视安全，有利于降低意外事件的发生率。选择和布置安全标语，并不是简单的拼凑，而是要充分考虑各种因素。

（1）要注意做到与周边环境的完美统一。

（2）要突出本企业安全工作的重点和难点。

（3）要充分人性化。

第三节

安全管理注意事项

一、重视交接班工作

在倒班作业中，班组长应每天及时做好交接班工作。上一班的班组长应将班中的生产情况、设备状况、安全隐患等信息正确传达给下一班的班组长，以便使下一班班组长正确掌握情况，避免出现因上一班的隐患未做整改，造成下一班操作失误而酿成事故。

（一）交接班的内容

交接班的主要内容如下。

（1）交班人向下一班交代清楚当班的简要情况及下一班应该注意的问题。

（2）交班人交代清楚现场环境的安全情况。

（3）交班人交代本班设备及其他需要特别注意的问题。

（4）交班人要确认接班人清楚明白所交代的情况，且无遗漏事项后，做好当班记录和交接班记录。

（5）班组开好班后安全小结会，评讲本班安全生产情况。

（6）接班人认真检查环境、设备情况和上班运行记录，确认正常后方可开始作业。

（7）接班人作业前，对设备进行试运行，以确认安全。

（二）交班要求

（1）交接班时间通常为15分钟。

（2）交接前，上一班必须将生产指标控制在规定范围内，消除异常情况。

（3）交接班记录填写齐全，包括各种生产指标、计划完成情况、设施设备情况、事故异常情况、需要接班人员注意的情况等。

（4）交接前岗位卫生清洁、工具齐全，为下一生产班组做好生产准备工作。

（5）交班人向接班人员详细解释交接班记录，并指出重点。

（三）接班要求

（1）接班人员应提前10分钟到岗，留出交接时间，保证交班人员准时下班。

（2）接班人听取交班人员解释交接班记录，检查上岗前的准备情况，各个岗位的人员要将检查情况汇总到班组长处。接班人在记录上签字，以示交接职责。

（四）交接班记录

交接班时双方班组长应在交接班记录簿上进行签名确认。交接班记录可以设计成表格形式，具体内容应包括生产完成情况、设备运行情况（包括故障及排除情况）、安全隐患及可能造成的后果、其他应注意的事项等。

二、开展危险预知活动

危险预知，简而言之就是预先知道生产或作业过程中的危险，进而采取措施，控制危险，保障安全。实践证明，危险预知活动是安全工作的法宝。

（一）危险预知应包括的内容

（1）班组长对本班组管辖范围或承担的作业项目，要明确无误，对重点、难点、危险点做到了如指掌。

（2）班组长应对所承担的项目、任务，可能发生的伤害和事故，如触电、起重伤害、落物坠人、火灾爆炸、中毒窒息等，都要在作业前仔细预想，并运用因果图、事故树分析等方法，分别列出对策加以落实，防患于未然。

（3）班组每个成员要清楚生产或作业过程的危险，从"人员、机器、材料、工艺方法、环境"几个方面细化分析，认真填写危险预知报告书，交由班组长和有关人员批准，并在作业前的准备会上做出交底。班组长应让班组成员着重从作业状况、发生事故因素、潜在危险、重点对策、预防措施方面下功夫，以此来提高自我保护能力和事故处理能力，让班组成员清楚地预知危险，熟悉危险预知报告书的填写，从而保证每次危险作业都能顺利完成。

（4）班组长要做明白人。班组长和成员在一个特定的班组集体中工作、生活、学习，班组长要通过观察下属的行为来发现班组成员的心理、体力变化，及时发现问题并采取措施加以解决。

（5）就每一个具体项目而言，班组长都要按照"人员是否足够、素质是否适应、配合是否默契、方案是否可行"的要求，精心组织，合理安排。

(二)危险预知关键是深化隐患检查整改

1. 加强巡检,发现隐患及时整改到位

班组长在班中巡检,要对生产工艺过程、设备运行状况、安全装置、个人防护用品的使用情况等进行巡检,每小时一次,对发现的问题及时整改,本班组解决不了的问题要及时上报。

2. 班组成员要进行"五查"活动

"五查"即查不安全装置、不整洁环境、不安全行为、不标准操作、麻痹凑合作业,并把查与不查、查粗与查细、查多与查少、查深与查浅列入各成员的业绩考核中,与奖金挂钩。

3. 班组建立缺陷检查、隐患整改台账

做到记录齐全、填写认真、情况真实、有据可查。

(三)预知危险训练的开展

预知危险训练,是一种生产现场作业人员的协调配合活动,须做到"全部、快速、正确",是防止发生人为事故的训练。

1. 预知危险训练要点

预知危险训练包括以下五个要点。

(1)用插图描绘生产现场和作业情况。

(2)在工作场所内的操作过程,让操作者边观察边训练。

(3)在工作场所内的小群体中,说真话讲想法,相互理解。

(4)用指差呼称(手指口述)来确认危险点和重点实施项目。

(5)在行动之前解决问题。

2. 预知危险训练的程序

预知危险训练的程序,如图4-3所示。

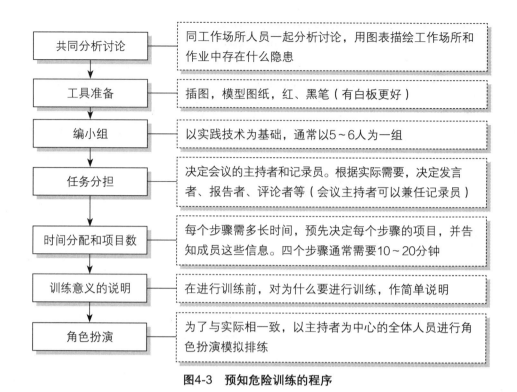

图4-3 预知危险训练的程序

三、班组安全检查

开展班组安全生产检查，是根据上级有关安全生产的方针、政策、法令、指示、决议、通知和各种标准，运用系统工程的原理和方法，识别生产活动中存在的物的不安全状态、人的不安全行为，以及生产过程中潜在的职业危害。

（一）班组安全检查的内容

班组安全检查的内容如表4-4所示。

表4-4 班组安全检查的内容

序号	要点	检查内容
1	思想、纪律方面	（1）员工是否树立"安全第一"的思想，安全责任心是否强 （2）员工是否掌握安全操作技能和自觉遵守安全技术操作规程，以及各种安全生产制度，对于不安全的行为是否敢于纠正和制止

续表

序号	要点	检查内容
1	思想、纪律方面	（3）员工是否严格遵守劳动纪律 （4）员工是否做到安全文明生产 （5）员工是否正确、合理穿戴和使用个人防护用品、用具
2	法规制度的执行方面	（1）检查本班组是否贯彻了国家有关安全生产方针政策和法规制度，对安全生产工作的认识是否正确 （2）是否建立和执行了班组安全生产责任制 （3）是否贯彻执行了安全生产"五同时" （4）对伤亡事故是否坚持做到了"四不放过" （5）特种作业人员是否经过培训、考核，凭证操作 （6）班组的各项安全规章制度是否建立与健全，并严格贯彻执行
3	检查生产现场是否存在物的不安全状态	（1）检查设备的安全防护装置是否良好。防护罩、防护栏（网）、保险装置、连锁装置、指示报警装置等是否齐全、灵敏、有效，接地（接零）是否完好 （2）检查设备、设施、工具、附件是否有缺陷。制动装置是否有效，安全间距是否合乎要求，电气线路是否老化、破损，吊具与绳索是否符合安全规范要求，设备是否带"病"运转和超负荷运转 （3）检查易燃易爆物品和剧毒物品的贮存、运输、发放和使用情况，是否严格执行了制度，通风、照明、防火等是否符合安全要求 （4）检查生产作业场所和施工现场有哪些不安全因素。有无安全出口，登高扶梯、平台是否符合安全标准，产品的堆放、工具的摆放、设备的安全距离、操作者安全活动范围、电气线路的走向和距离是否符合安全要求，危险区域是否有护栏和明显标志等
4	检查员工是否存在不安全行为和不安全的操作	（1）检查有无忽视安全技术操作规程的现象。比如：操作无依据，人为地损坏安全装置或弃之不用，冒险进入危险场所，对运转中的机械装置进行注油、检查、修理、焊接和清扫等 （2）检查有无违反劳动纪律的现象。比如：在作业场所工作时间开玩笑、打闹、精神不集中，脱岗、睡岗、串岗，滥用机械设备或车辆等 （3）检查日常生产中有无误操作、误处理的现象。比如：在运输、起重、修理等作业时信号不清、警报不鸣，对重物、高温、高压、易燃物品、易爆物品等作了错误处理，使用了有缺陷的工具、器具、起重设备、车辆等

续表

序号	要点	检查内容
4	检查员工是否存在不安全行为和不安全的操作	（4）检查个人劳动防护用品的穿戴和使用情况。比如：进入工作现场是否正确穿戴防护服、帽、鞋、面具、眼镜、手套、口罩、安全带等，电工、电焊工等电气操作者是否穿戴超期绝缘防护用品、使用超期防毒面具等 （5）及时发现并积极推广安全生产先进经验。安全生产检查不仅要查出问题，消除隐患，还要发现安全生产的好典型，并进行宣传、推广，掀起学习安全生产经验的热潮，进一步推动安全生产工作

（二）安全检查结果的处理

安全检查应做好详细的检查记录（检查的结果和存在的问题），按企业规定的职责范围分级落实整改措施，限期解决，并定期复查。班组安全生产日常检查表如表4-5所示。

表4-5 班组安全生产日常检查表

检查内容	__日		__日		__日		__日		__日		__日		__日	
	上午	下午	上午	下午	上午	下午	上午	下午	上午	下午	上午	下午	上午	下午
机械操作员是否违反操作规程														
机械危险部位是否有安全防护装置														
机械防护装置是否安全有效														
机械设备是否有操作规程标志														
员工是否按要求佩戴防护用品														
员工是否按要求着装														
员工是否把饮水和食物带入车间														
货物摆放是否整齐、平稳、不超高														
货物是否堵塞灭火器材和通道														
工作台电线、插头是否裸露脱落														
测试仪是否有绝缘防护														
员工工位是否被货物或台凳堵塞														

续表

检查内容	_日		_日		_日		_日		_日		_日	
	上午	下午	上午	下午	上午	下午	上午	下午	上午	下午	上午	下午
车间照明、通风、温度是否正常												
电源线路、开关掣是否正常												
危险品是否贴有中文标志												
是否用有盖压力瓶装危险液体												
危险品是否远离火源、热源												
岗位上是否放有过量的危险品												
电烙铁、风筒是否符合安全要求												
员工是否经过岗位安全培训												
员工是否违反工作纪律												

说明：请根据检查情况在"结果"栏内打"√"或"×"，有问题及时整改，并做好记录，无法整改的要立即向部门主管报告，直到问题解决为止

班组负责人：＿＿＿＿＿＿＿＿部＿＿＿组

检　查　人：＿＿＿＿＿＿＿＿　　　部门安全员：＿＿＿＿＿＿＿＿

（1）对不能及时整改的隐患，要采取临时安全措施，提出整改方案，报请上级主管部门核准。

（2）不论哪种方式的检查，都应写出总结，提出分析、评价和处理意见。

（3）对安全生产情况好的，应提出奖励；对安全生产情况差的，应提出批评和建议。要总结经验，吸取教训，达到检查的目的。

四、制定班组事故预案

事故预案是班组成员根据岗位中的工作内容预测可能发生的事故，并运用安全管理科学方法，找出可行的预防措施及事故一旦发生后的应急处理方案的一种班组安全管理方式。班组作为生产安全事故最直接的接触层，是生产安全事故救援方案的重要执行者，其成员最有可能成为受害者，因此班组生产安全事故预案的重点在于结合现场生产实际，做好每一班次的事故预想，并不断进行讨论、补充、修订。

（一）事故预案的制定步骤

1. 细分工作内容和事故

尽管多数班组从事的工作和使用的工具设备等相对固定，但由于生产的需要，班组的工作也会做相应的调整。为了便于预测事故，必须把工作内容细化，如将工作内容细分为清扫皮带积料、搭脚手架、加工超长工件、抽煤气盲板等。

有的工作内容可能容易引发几种类型的事故，此时应分析事故发生的概率或伤害程度，对概率最大的事故或伤害程度最重的事故优先进行预测分析。如某厂机修车间车工班，工作任务是加工螺纹，可能发生的事故有绞伤、砸伤、刺伤、铁屑伤眼、摔伤等。根据历年事故统计，绞伤比例最大、伤害程度最重，则优先对绞伤事故进行分析，然后对其他类型的事故分别进行分析。

2. 制定可行的预防措施

产生事故的原因有许多种，人、物、环境及其他一些因素都可能导致事故的发生，要针对不同的原因分别找出预防措施。

3. 确定事故发生后的处理方法

尽管事故预案制定了预防措施，但如果措施未落实或存在其他个人因素，如疾病、饮酒、打闹等，仍然会导致事故的发生，因此，如何正确地处理事故非常重要。一定要根据现场实际情况沉着冷静地采取正确的方式，把事故损失降低到最低限度，尽可能避免事故的扩大。以绞伤为例，处理方法为：

（1）立即停车，挂空挡。

（2）盘车立即退出伤者，严禁拽拉伤者，避免伤情扩大，并及时将伤者送往医院抢救。

（3）保护事故现场，立即报告安全部门或上级有关部门。

（二）事故预案工作的注意事项

做好事故预案工作，还应做到以下几点。

（1）事故预案必须经过班组集体讨论，共同想办法、提建议，员工对具体预案内容必须清楚明白。

（2）预防措施必须做到条条落实。

(3)安全人员要经常到班组指导工作,加强考核。

(4)内容要针对实际,与班组工作融为一体,与安全操作规程相结合,形成一个整体。只有这样,才能真正发挥事故预案应有的作用。

五、控制好危险点,确保班组安全▶▶

避免工伤事故和职业危险,最切实、最有效的办法是找准工作中的危险源,采取切实有效的措施控制好危险点。具体做法是:

(1)调查班组安全现状,分析所有可能的危害因素,分析过去曾发生的意外事件,并进行风险评估。

(2)制定班组的安全目标,控制异常状况;建立班组安全的架构,划分责任与授权;建立班组安全值日制度,培训班组成员。

某班组利用危险源的分析方法,在某机器大修前进行了危险源分析。班组成员分别对人、机械、电气、化学、辐射、高处坠落、地面滑跌等几个方面进行了危险源分析。找出哪些因素会造成人员触电,哪些因素会造成人身遭受机械外力的伤害,工作中使用的哪些化学物品对人体有害,涉及高处作业的工作有哪些;确认周围有无电磁辐射,安全带有无可靠的悬挂点等。设备方面针对以往的检修记录、日志,依据设备检修和运行中故障出现的频次,找出设备的薄弱环节,找出哪些部位容易出故障,哪些部位容易受到损伤,哪些会人为地造成设备的损伤。针对分析的结果进行风险评价,提出危险控制点,制定出一系列相应的防范措施,并明确要求全体人员在检修工作中严格遵守安全规程,严格执行设备检修工艺标准。工作中如遇有疑问事项必须及时提出,需要时时保持高度的警觉,遇有异常,立即停止工作,待查明原因后再开始工作。

班组由于事先对危险源进行了分析评价,并及时制定了相应防范措施,能够有效地控制和减少班组的不安全现象,创造了班组的安全工作环境,提高了工作效率,杜绝了事故发生。

六、发生违章要处罚▶▶

违章主要发生在班组,因此,反违章应着重从班组抓起。所以,班组长抓安全要着重抓好反违章工作。

（一）做好反违章的基础工作

班组长通过各种形式，如用事故录像片、典型的事故案例或发生在身边的违章事故，经常对班组成员进行教育，提高班组成员对违章危害性的认识，消除违章的思想根源，使他们在作业过程中能自觉地用规章制度规范自己的行为，做到遵章守纪。通过教育使全班人员认识到，违章就容易发生安全事故，严重时甚至断送生命；违章的后果是"一害个人、二害家庭、三害集体、四害企业、五害国家"。

班组核心成员需要团结，要互相支持，互相"补台"，形成良好的工作作风，长此以往就会使班组产生一定的凝聚力和约束力。班组长要以身作则，率先垂范，想要求班组成员做到就要自己首先要做到。如果班组长违章要主动接受处罚，用自己的良好形象去引导和影响其他班组成员。在研究处理违章人员时，班组长要公平、公正、公开，一视同仁，使被处理人员心服口服。

班组长要充分认识违章的顽固性和反违章的艰巨性。反违章是一项长期而艰巨的安全管理工作，不会一蹴而就，只有常抓不懈，百折不挠，才会收到显著的效果。

（二）明确反违章的工作方法

（1）防止违章行为的出现。根据以前的作业情况，对照安全管理规范和各项规章制度，认真查找违章表现，然后通过反违章学习，使全班人员清楚违章表现，防止违章行为出现。

（2）发现违章，要及时制止，并在班后会上按规定宣布处理意见。班组长对违章没有及时制止的，也视为违章，并对其进行一定的处罚。作业组其他成员也要互相监督，积极、主动地制止违章人员，要认识到：制止违章是对违章者最大的关心和爱护，是对工作、对集体极其负责的表现。

（3）违章者要在安全日活动期间进行反思，反思内容包括：违章的原因是什么，对违章的危害性有哪些认识，今后怎样做到不违章。班组长也要反思，要通过集体说教，使违章者提高认识，改掉违章行为，同时也使其他人受到教育。

（4）分析总结。班组长要组织班组成员对当月的反违章工作进行全面的分析总结，找出存在的问题，明确下一步反违章工作的重点，以适应深入开展反违章工作的需要，逐步使月违章次数向"零"目标迈进。

七、加强班组的安全教育工作 ▶▶

安全工作必须层层动员，人人参与。每个作业人员由于自身素质不同，对现场安全措施的理解也有所不同，有些人是在工作中不自觉地违章的。因此，对工作人员进行日常安全教育显得尤其重要。

（1）开工前，班组长要组织工作人员召开班前会，认真分析工作场所的危险点和安全注意事项，提前向作业人员进行安全交底。

（2）完工后，班组长要组织召开班后会，分析和总结工作班组全体成员在作业过程中正确与错误的操作或行为，以提高工作人员的安全意识和专业技能。

（3）班组长要定期组织开展班组安全日活动，通过学习和讨论事故通报上的案例，查找事故原因，吸取事故教训，并结合本班组实际，切实采取并落实防范措施，杜绝类似事故再次发生，让安全日活动具有针对性和现实指导意义，真正起到启发和教育的作用。

第5章

妥善管理设备工具

（小A）

A："老Q，今天的生产进度赶不上，完不成任务了，因为设备出现故障停机了。"

Q："怎么会出现故障呢？"

A："唉，明明在早会上强调了要按照设备的操作规程来操作，可是有的组员进行异常操作，导致设备卡机了。"

Q："这个问题还真常见，很多工厂本来不用加班的。古人云：'工欲善其事，必先利其器。'设备是完成产品加工和生产的重要保障，是企业生产力的重要因素之一。所以，你一定要抓好设备的管理。"

A："那从哪些方面着手呢？"

Q："班组设备管理主要包括设备的操作、使用、点检、维护保养等方面，具体的方法，你可以看我给你预备的资料。"

A："好的，谢谢。"

（老Q）

第一节 设备工具管理基础知识

一、什么是设备

设备是为保证正常生产所配置的技术装备、仪器、仪表、试验设施、检测设施、控制设施等的总称。班组生产现场中要使用的设备主要包括以下内容。

（1）操作设备，如机床、打包机、自动插件机等。

（2）计测器，用于质量判定的测量用具。

（3）工装夹具，多由企业自行设计制作，是为了提高效率、保证质量，在组装、加工或测量时用来定位或者判定用的辅助器具。

（4）工具，如电钻、扳手。

（5）样板或样品，指用来做观感判定（颜色、外观）、实物判定（尺寸、形状）的物品，是测量的一种替代形式。

二、设备的类型 ▶▶

设备是现代工业生产活动不可或缺的器具，这里所述的设备是指企业在生产过程中使用的机器、工具及它们的混合体。通常企业一般使用的设备有以下类型。

（1）直接生产设备，如注塑机、碎料机、移印机、车床、流水线装置等。

（2）辅助生产设备，如吹塑胶件发白使用的吹风机、加工产品的铁夹、打螺丝的电批刀等。

（3）间接生产设备，如发电机、照明电器、空压机等。

（4）检测设备，如度量尺寸的卡尺、塞规、投影仪和测试产品强度用的拉力计、扭力磅等。

（5）运输设备，如电梯、叉车、手推车等。

（6）办公设备，如电脑、打字机、复印机、碎纸机等。

（7）生活设备，如饮水机、烘手机、消毒柜、厨房设备等。

三、设备与生产的关系 ▶▶

目前，企业的竞争日益激烈，尤其是制造业，利润日渐微薄。为了谋求生存和发展，企业总是想方设法降低生产成本，以提高竞争力，最大化地利用设备便是其中重要的一环。具体的做法就是在保证生产正常进行的条件下，降低生产设备的损耗，合理使用生产设备和延长生产设备的使用寿命，降低生产设备在制造、采购、维修保养等方面的费用和成本。

假如生产使用的设备运行速度缓慢，经常出现故障或需要费劲使用，将会导致生产的产品质量不稳定，员工易产生疲劳和出现安全隐患等问题，势必造成不必要的资源浪费并增加成本，而且不能满足客户的要求。由此可知设备与生产是唇齿相依的关系。

四、设备对生产的影响

古人云:"工欲善其事,必先利其器。"设备是完成产品加工和生产的重要保障,是企业提高生产力的重要因素之一。设备对生产的影响具体如图5-1所示。

> ● **设备对生产的影响**
>
> (1) 设备的使用精度与寿命。
> (2) 生产能否顺利进行。
> (3) 因设备引起的工伤事故频率。
> (4) 产品质量的稳定性。
> (5) 生产效率。
> (6) 设备使用综合效率。
> (7) 生产成本。
> (8) 产品交货期的准确率。
> (9) 员工操作的疲劳度。
> (10) 劳动的积极性。
> (11) 创造经济价值的多少。

图5-1 设备对生产的影响

从上面这些内容可以看出,设备对生产的影响是巨大且无法估量的。因此,班组长应把设备管理列为生产管理的重要方面并给予重视。

五、班组工具如何分类

工具是指从事劳动生产过程中所使用的器具。企业在生产过程中所使用的各种工具,是指在生产制造各种产品的工艺过程中所使用的各种器械。

(一) 通用、专用工具

通用、专用工具,包括刀具、磨具、量具、卡具、模具、手工工具等。
(1) 刀具是指用来加工、切削金属的工具。

（2）磨具是指用来加工、磨削金属的工具，包括各种砂轮、研磨工具、抛光工具、切割工具等。

（3）量具是指用来检查、测量产品或部件的工具，分为精密量具和普通量具。

（4）卡具是指用来加固被加工件或刀具、磨具的工具。

（5）模具是指用来使被加工件形成特定形状的工具。

（6）手工工具是指一般常用工具和专用工具，其种类较多，专用性强，是完成某些生产作业的必不可少的工具。

（二）特殊工具（工艺准备）

特殊工具（工艺准备），包括以下几种。

（1）试验台。

（2）工作梯、台。这些特殊工具在产品加工、制造、装备、试验等工作中必不可少。

（3）厂内运输工具。如拖车、架车、三轮车、手推车、专用车、电瓶车、铲车等。

（4）其他工具。包括特殊工种中使用的工具，如焊接作业中的焊枪、水管线等，电工使用的电表、电笔、安全带等。

六、班组设备管理的主要内容

班组设备管理主要包括设备的操作、使用、点检、维护保养。班组长设备管理工作是班组设备管理的主要组成内容，是组织班内每个员工做好设备维护保养、规范操作、正确使用的有效保证，其主要内容如下。

（1）制定班组设备管理工作目标。

（2）建立完整的班组设备管理内容（包括班组台账、原始凭证、信息传递等）。

（3）组织并指导员工做好班组内设备的维护保养、日常点检、清扫、加油和紧固等工作。

（4）做好检查工作，认真填写班组设备巡检记录。

（5）参与设备运行中的故障处理。

（6）建立岗位经济责任制的考核与评比制度，并严格组织实施，逐步提高班组设备管理水平。

（7）根据设备能力和完好状态安排生产，调整任务和负荷。

（8）根据操作规程对员工的操作行为进行检查和监督。

（9）为设备创造良好的工作环境，对设备指派有关人员进行监管，并准备随时作出决断。

（10）经常进行爱护机器设备的宣传和教育，使员工能自觉地爱护和正确使用设备，严格执行操作规程，养成良好的习惯，使合理使用设备的观念牢固地树立在员工的脑海中并落实在行动中。

七、班组设备管理的主要规程

设备管理规程主要包括设备操作规程、设备使用规程、设备维护规程等。班组长应该了解这些规程，并按规程检查和监督员工的作业情况。

（一）设备操作规程

设备操作规程是指对操作人员正确操作设备的有关规定和程序。各类设备的结构不同，操作设备的要求也会有所不同，在编制设备操作规程时，应该以制造厂提供的设备说明书要求的内容为主要依据。

（二）设备使用规程

设备使用规程是指对操作人员使用设备的有关要求和规定。例如：操作人员必须经过设备操作基本功的培训，并经过考试合格，发给操作证，凭证操作；不准超负荷使用设备；遵守设备交接班制度等。由于班组的生产很多实行轮班制，按设备交接班制度做好交接班工作非常重要。

（三）设备维护规程

设备维护规程是指为了保证设备正常运转而必须采取的措施和注意事项。例如：操作人员上班时要对设备进行检查和加油，下班时坚持设备清扫，按润滑图表要求进行润滑等；维护人员要执行设备巡回检查，定期维护和调整设备等。

第二节

设备工具管理最优方法

一、凭证操作

设备操作证是准许操作人员独立使用设备的证明文件，是生产设备的操作人员通过技术基础理论和实际操作技能培训，经考核合格后所取得的。凭证操作是保证正确使用设备的基本要求。

如果是新员工，由于没有设备操作证，在独立使用设备前，一定要接受设备结构性能、安全操作、维护要求等方面的技术知识教育和实际操作及基本功的培训。

二、遵守"三好、四会、五项纪律"

班组现场设备操作人员，一定要了解设备操作的"三好、四会、五项纪律"要求，并严格遵守。

（一）"三好"要求

"三好"要求具体如图5-2所示。

管好设备	用好设备	修好设备
操作者应负责管好自己使用的设备，未经管理者同意不准他人擅自操作使用	严格贯彻操作维护规程和工艺规程，不超负荷使用设备，禁止不文明的操作	设备操作人员要配合维修人员修理设备，及时排除设备故障，按计划交修设备

图5-2 "三好"要求

(二)"四会"要求

"四会"要求,具体如表5-1所示。

表5-1 "四会"要求

序号	要求	具体说明
1	会使用	操作者应先学习设备操作维护规程,熟悉设备性能、结构、传动原理,弄懂加工工艺和工装刀具,再正确使用设备
2	会维护	学习和执行设备维护、润滑规定,上班加油,下班清扫,经常保持设备内外清洁、完好
3	会检查	了解自己所用设备的结构、性能及易损零件部位,熟悉日常点检的项目、标准和方法,并能按规定要求进行日常点检
4	会排除故障	熟悉所用设备特点,懂得拆装注意事项及鉴别设备正常与异常现象,会做一般的调整和简单故障的排除,自己不能解决的问题要及时报告,并协同维修人员进行排除

(三)"五项纪律"要求

(1)实行定人定机,凭操作证使用设备,遵守安全操作规程。

(2)经常保持设备整洁,按规定加油,保证合理润滑。

(3)遵守交接班制度。

(4)管好工具、附件,不得遗失。

(5)发现异常立即停机检查,自己不能处理的问题应及时通知有关人员检查处理。

三、遵守设备操作规程

几乎所有设备的操作顺序都有严格的要求,制造设备厂家的操作说明也有规定,不遵守操作规程会直接导致或加快机器产生故障。然而,生产现场还是有许多作业者,尤其是新进人员,不按操作规程进行错误的操作。班组长不仅自己一定要对设备的操作规程了如指掌,还要指导并监督现场员工,防止其进行异常操作。

设备操作规程一般都会包括设备技术性能和允许的极限数、设备交接使用的规定、操作设备的步骤、紧急情况处理的规定、设备使用中的安全注意事项、设备运行中常见故障的排除方法六个方面的内容。

四、做好设备日常维护保养

日常维护保养工作要求设备操作人员在班前对设备进行外观检查，在班中按操作规程操作设备，定时巡视并记录各运行参数，随时注意运行中有无异声、振动、异味、超载等现象，在班后对设备做好清洁工作。

> **特别提示**
>
> 在冬天，若设备即将停用，应在下班后放尽设备内剩余水，以免冻裂设备。

日常维护保养工作是设备维护管理的基础，应该坚持实施，并做到制度化，特别是在周末或节假日前更应注意。

（一）保养执行人员

日常维护保养（日保），由操作人员进行。

（二）保养时间和频率

普通设备，利用每天下班前15分钟（周末可适当多花一点时间）进行；精、大、稀设备，要求用更多一点时间进行。

（三）保养内容

日常维护保养一般包括以下各点。

（1）日常点检的全部内容。

（2）擦拭设备的各个部位，使得设备内外清洁，无锈蚀、无油污、无灰尘和切屑。

（3）清扫设备周围的工作地，做到清洁、整齐，地面无油污、无垃圾等。

（4）设备的各注油孔位，经常保持正常润滑，做到润滑装置齐全、完整、可靠，油路畅通，油标醒目。

（5）设备的零部件、附件完整，安全防护装置齐全，工、量、夹具及工件存放整齐、不凌乱等。

> **特别提示**
>
> 关于设备日常维护保养的要点及其对策，最好事先列表并让作业员知晓，这样，作业员在实际操作时有据可查，并对日常保养中出现的问题能妥善予以处理。

五、设备坚固 ▶▶

设备运转相当一段时间后，因多次启停和运行时的振动，地脚螺栓和其他连接部分的坚固件可能会发生松动，随之导致设备的更大振动，直到造成螺帽脱落、连接尺寸错位、设备的位移以及密封面接触不严形成泄漏等故障，因此必须经常检查设备的坚固程度。在调正坚固件时，应该用力均匀恰当，坚固顺序按规定进行，确保坚固有效。

六、设备润滑 ▶▶

设备的润滑管理是正确使用和维护设备的重要环节。设备润滑的管理是利用摩擦、磨损与润滑技术，通过管理使设备润滑良好，从而减少设备故障，减少设备磨损，提高设备利用率。

> **特别提示**
>
> 润滑加油时，一定要注意润滑油的型号、品种、质量、润滑方式、油压、油门及加油量等，因为它们均有严格的规定。

班组生产现场设备润滑管理的重点是做好"五定"工作,具体如图5-3所示。

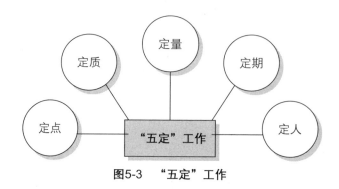

图5-3 "五定"工作

(一)定点

定点,即确定润滑点(设备的润滑点常用图形表示,并根据润滑点的要求配置油标、油池、油槽、分油器等),按规定加油,润滑工与操作者必须熟悉这些部位。

(二)定质

定质,必须按设备说明书或润滑图中规定的油料品种、牌号使用,如需代用、掺用,必须经有关主管部门审核批准,油料应有检验合格证,润滑装置、油路及器具应保持清洁,防止灰尘、铁屑进入;油料保管部门存放各种油(脂)必须分品种、牌号储存,严禁混放,保持清洁。

(三)定量

对设备各润滑部位执行加油定量与消耗定额,做到计划用油、合理用油、节约用油;若超过定额,应查明原因修改定额或解决油料浪费问题。

(四)定期

定期加油或清洗换油是做好润滑工作的重要环节,应确定加油、清洗间隔期,同时应根据设备实际运行情况与油质,合理调整加(换)油期以保证正常润滑。

（五）定人

各润滑点应确定负责加（换）油的人员，明确责任，主管人应做好记录。例如：每班（天、周）加油一次的润滑点，一般由操作工负责加油；各储油箱、齿轮箱、液压油箱的加油、换油由润滑工负责；清洗换油时机修工应配合；凡拆卸后添换油的由机修工负责，电气部分应由电修工负责。

> **特别提示**
>
> 在做好"五定"工作之后，据此制定相应的管理制度，建立润滑基准及润滑卡。此外，对设备的清洗、换油也应有合理的计划，确保润滑管理工作的正常开展。

七、设备故障预防在先

（一）设备使用时

（1）询问制造厂家的设备使用说明，掌握一般的使用方法。

（2）从制造厂家处听取关于保养、点检的要领以及发生故障时的处置说明。

（3）询问设备不良时通知制造厂家的方法。

（4）准备保养所需的材料、部品（可库存一定数量）。

（二）日常运转时

（1）遵守操作规程，通过特别清扫来发现微小的缺陷。

（2）根据规定的日常点检检查表每天进行点检，发现异常后根据操作手册来处理。

（3）自己修理不了时，立即通知制造厂家。

（4）运转时的异常现象全部要告知直接管理者。

八、工具管理要有章有法

（一）工装夹具的整顿

工装夹具的整顿应重视并遵守使用前能"立即取得"，使用后能"立刻归位"的原则。

（1）应充分考虑能否尽量减少作业工具的种类和数量。如：考虑平时使用扳手扭的螺母是否可以改成用手扭的螺母，这样就可以节省工具了；或者想想能否更改成兼容多种工具使用的螺母，这样即使主工具突然坏了，也可用另一把工具暂代使用；又或者把螺母统一化，只需一种工具就可以了。

（2）考虑能否将工具放置在生产现场最接近工位的地方，避免取用和归位时过多的步行和弯腰。

（3）在"取用"和"归位"之间，须特别重视"归位"。需要不断地取用、归位的工具，最好用吊挂式或放置在双臂展开的最大极限之内。工具若采用插入式或吊挂式归还原位，要尽量使插入距离最短，挂放方便又安全。

（4）要将工具准确归还原位，最好以复印图、颜色、特别记号、嵌入式凹模等方法进行定位。

（二）切削工具类的整顿

这类工具需重复使用，且搬动时容易发生损坏，在整顿时应格外小心。

（1）经常使用的工具，应由个人保存；不常用的，则尽量减少数量，以采用通用工具为佳。先确定必需的最少数量，将多余的收起来集中管理。

（2）刀锋是刀具的生命，所以在存放时要方向一致，以前后方向直放为宜，最好能采用分格保管或波浪板保管，且避免堆压。

（3）一支或一把的刀具可利用插孔式的方法，好像蜂巢一样，即把每支刀具分别插入与其大小相适应的孔内，这样可以对刀锋加以防护，并且节省存放空间，且不会放错位。

（4）对于片状的锯片等刀具可按类型、大小、用途等分类叠挂起来，并勾画形迹，易于归位。

（5）注意防锈，在抽屉或容器底层铺上易吸油类的绒布。

（三）勾画形迹管理公用工具

形迹管理就是把工具的轮廓勾画出来，通过嵌上去的形状来做定位标识，是一种让人一看就明白如何归位的管理方法。

形迹管理可以让员工清楚地知道工具的摆放位置，并且杜绝了工具放错位的现象，什么时候少了一把工具也一清二楚。

具体做法为：按照工具的形状，描画在看板上再涂上阴影，同时，在每一把工具的"形状"上，钉上一个挂钩。用完工具后，就能很容易地按图索骥，将工具挂回看板。

（四）个人专用工具漆上颜色

上面提到公用的工具可以利用勾画形迹来管理，而个人专用工具的管理问题在于大家弄不清到底某一工具究竟是谁的。

因为有许多工具，每一个人在作业时都需用到，所以，它们就变成了大家的标准配备。由于它们都一样，一旦被混用就不易分辨出谁是它的主人，也因为有些员工对个人工具的管理漫不经心，自己的不见了，就顺手拿别人的工具来用，从而造成一些不必要的困扰。

为对此进行有效管理，可在工具上漆上不同的颜色，用颜色来代表谁是这件工具的主人。除了个人专用工具之外，其他归属个别部门的工具，也可以利用这种方式，来标示责任的归属，以解决工具管理上的问题。

（五）运用木模法安置切削工具

一般的工具，可以运用形迹勾画来发挥目视管理的功能，但切削刀具体积都比较小，而且，刀口又怕被碰撞而钝掉，若用这种方法来管理，就不一定理想。为让切削刀具能有一个安全、固定，而且又易分辨的放置位置，可运用木模法。

木模法就是在放置切削刀具的架子上，放上一块木板，在这块木板上，先按照各种切削刀具的大小、外形加以雕刻，这样，这些切削刀具就很容易放回原位。该法可让切削刀具件件独立，又因为凹陷在木板内，所以，也可避免彼此碰撞，从而降低刀口被碰钝的概率。

第三节

设备工具管理注意事项

一、设备的精度校正

现场生产活动中，若检测用的设备精度有差误，检测出来的结果必然是不正确的，有时可能把合格品当作不良品给废弃了，也有可能把不良品当作合格品给放过了。

（一）需精度校正的设备

需要进行精度校正的设备，具体如表5-2所示。

表5-2 需精度校正的设备

序号	设备类别	具体说明
1	生产工艺设备	（1）直接决定产品性能的生产工艺设备，如电烙铁温度、电批扭矩、张力仪等要校正 （2）影响产品性能稳定的保管设备，如恒温箱、无尘车间等要校正
2	辅助生产设备	如空压机压力、输送带行进速度等要校正
3	检测设备	来料检查标准书、标准作业书、出货检查标准书中所使用的检测、试验设备及质量追踪所使用的检测设备要校正

（二）精度校正的方法

精度校正的方法有内部校正和外部校正两种，具体如图5-4所示。

```
┌─────────────┐              ┌─────────────┐
│  内部校正    │              │  外部校正    │
└─────────────┘              └─────────────┘
```

内部校正是指公司内部具有校正资格的人员，依据标准校正作业书的要求，对设备进行精度校正。内部校正具有校正周期短、费用低廉等特点	外部校正是指委托国家或行业认定的计量机构，对设备进行精度校正。外部校正具有精度高、校正周期长、费用高等特点

图5-4　精度校正的方法

（三）精度校正结果处理

1. 精度校正可能出现的结果

精度校正结束后会有以下三种结果出现：第一种是精度没有偏差，经校正完后精度更高；第二种是精度有偏差，经校正完后回到标准规格内；第三种是精度有偏差，经校正仍无法回到标准规格内。

2. 结果处理

第一种结果，只需记录校正结果就行了。第二、第三种结果处理如表5-3所示。

表5-3　精度校正结果处理方法

事项	第二种结果	第三种结果
设备的处理	设定新的（更短的）校正周期	（1）替换成精度正常的设备 （2）维修或废弃精度有偏差的设备 （3）精度有偏差的设备，限定在某个非生产的范围内（场合）使用 （4）寻找其他设备替代原有发生偏差的设备，对替代品同样也要进行精度校正
产品的处理		（1）立即确认对产品质量有何影响 ①对质量无影响的，已完成的产品照常出货 ②对质量有影响的，视其影响程度大小作出综合判定和处理 （2）追溯质量发生偏差的时间，估算每一时段的影响程度，采取相应对策 ①收集不同时段的样品，再次检测，确定质量偏差的初发时间 ②联络后工序人员、客户，采取必要的应变措施 ③对工序内判定合格但尚未流到下一工序的部件，再次检测

（四）精度校正管理注意事项

（1）新购入的设备未必精度就满足要求，在使用前最好要校正。

（2）校正对象与非校正对象都要进行识别管理，识别越详细，错漏概率就越小。

（3）设备精度偏差过大，无法校正而废弃时，必须做好标识，报请相关部门审批。

（4）适时记录设备各种相关运行数据，保证其质量有良好的可追溯性。

（5）"母器"要尽量避免在生产上频繁使用，以免本身精度发生偏差。

（6）不要将所有设备的校正周期都设定为一样，既要考虑保证精度，又要设法降低校正成本。

二、办好交接班手续

在多班制操作设备的情况下，生产现场无论是操作人员、值班维护工还是值班班组长，都应该在交接班时办理交接手续。这种手续，一般以操作人员口头汇报，班组长记录，或由操作人员记录，班组长检查的方式进行。所有记录都要登记在交接班记录簿上，以便相互检查，明确责任。

交班人员应将设备使用情况，特别是隐蔽缺陷和设备故障的排除经过及现状，详细告诉接班人员，或在交接班记录簿内详细记载。接班人员要对汇报和记录核实，并及时会同交班人员采取措施，排除故障后，才可接班继续进行工作。但接班人员如果继续加工原工作班已开始生产的工序或零件，也可不停车交接。

在交接班时，一般应达到下列四项标准（见图5-5），达不到标准时，可以不接班。

图5-5 交接班达标的标准

设备在使用过程中会发生污染、松动、泄漏、堵塞、磨损、振动、发热、压力异常等各种故障，影响设备正常使用，严重时会酿成设备事故。因此，班组长应指导设备操作人员经常对使用的设备加以检查、保养和调整，使设备处于最佳的状态。

班组设备维护保养一般由设备使用人员负责，主要是对设备进行清洁、补给、润滑、紧固和安全检视。这种维护保养难度不大，通常作为日常的工作内容，但比点检分工更细，要求更高。班组长负责对此进行检查。

三、禁止异常操作设备

异常操作可分为对设备、产品、人员有损害和无损害两种，不论有无损害，都应该严格禁止和设法防止其发生。

（一）操作的标准化设置

制定设备操作规程，并以此为依据来培训操作人员、维修人员、管理人员。操作员须一步步确认，并在考试合格后，才能操作设备。设备操作规程必须包括以下内容：

（1）设备技术性能和允许的极限数，如最大负荷、压力、温度、电压、电流等。

（2）设备交接使用的规定。两班或三班连续运转的设备，岗位人员交接时必须对设备运行状况进行交接，内容包括：设备运转的异常情况、原有缺陷变化、运行参数的变化、故障及处理情况等。

（3）操作设备的步骤，包括操作前的准备工作和操作顺序。

（4）紧急情况处理的规定。

（5）设备使用中的安全注意事项。

（6）设备运行中常见故障的排除方法。

（二）设置锁定装置

（1）通过电脑设定程序，或者在机械上设定异常操作锁定系统，使设备只能按正常步骤往下操作。

（2）操作键盘上设有透明保护盖（罩、护板），既可以看见动作状态，又能起保护作用，即使不小心碰到按键，设备也不会误动作。

（三）明确非操作人员不得操作

向所有人员讲明"非操作人员，严禁擅动设备，违者重惩"，对违反者给予处罚。设备旁边也应立一块明显标志以作提醒。

（四）制定异常补救措施

预先制定各种异常操作后的补救措施，并对操作人员进行培训，万一出现异常操作，也能使损失降到最低。

四、按时进行设备点检

实行设备点检能使设备的故障和劣化被早期发觉、早期预防、早期修理，避免因突发故障而影响产品产量、质量，增加维修费用、运转费用以及减少设备寿命。

（一）了解点检类型

设备点检可分为日常点检、定期点检和专题点检三种。

（1）日常点检由操作人员负责，作为日常维护保养的一个重要内容，结合日常维护保养进行。

（2）定期点检，可以根据不同的设备，确定不同的点检周期，一般分为一周、半个月或一个月等。

（3）专题点检，主要是做精度检查。

（二）设备点检标准书和点检卡

设备点检必须首先由设备工程技术人员、管理人员、操作人员、维修人员一道，根据每一台设备的不同情况和要求制定点检标准书，再根据点检标准书制定点检卡。

> **特别提示**
>
> 设备点检卡的制定,必须简单、明了,判断的标准要明确,记录要简单(用符号表示),使操作工人和维修工人能够很快掌握。一般是将设备上影响产量、质量、成本、安全、环境以及不能正常运行的部位,作为点检的项目。

(三)点检结果处理

对于设备点检中发现的问题,班组长在进行处理时要依问题的难度而采取不同的方式:

(1)一般经简单调整、修理可以解决的,由操作人员自己解决。

(2)在点检中发现的难度较大的故障隐患,由专业维修人员及时排除。

(3)对维修工作量较大,暂不影响使用的设备故障隐患,经车间机械员(设备员)鉴定,由车间维修组安排一级保养或二级保养计划,予以排除或上报设备动力部门协助解决。

(四)明确点检责任

设备点检要明确规定职责,凡是设备有异常,操作人员或维修人员定期点检、专题点检没有检查出的,由操作人员或维修人员负责。已点检出的,应由维修人员维修,而没有及时维修的,该由维修人员负责。

五、遵守设备巡检标准

企业对每台设备,应依据其结构和运行方式,确定其检查的部位(巡检点)、内容、正常运行的参数标准,并针对设备的具体运行特点,对设备的每一个巡检点确定出明确的检查周期,一般可分为时、班、日、周、旬、月检查点。在具体实施巡检时,应重点对表5-4所列事项进行监督检查。

表5-4　巡检注意事项

事项	具体内容
电气方面	（1）配线、接头部位有无龟裂、松垮、暴露、老化 （2）各种信号、电压、频率发出装置，以及相关的输入、输出信号值是否正常 （3）仪表盘指针游动是否正常 （4）各种控制开关是否正常完好
结构方面	（1）各种定位柱（杆）、导向柱（杆）、紧固螺丝（栓）、铆接头、焊接处、粘接处，有无松脱、脱落、变形 （2）材料表面有无氧化、龟裂、掉漆 （3）机构滑动、滚动、旋转、传动部位是否缺少润滑，开动时是否有异常响声 （4）各机械的动作时间、行程大小、压力、扭矩等是否符合要求
环境方面	（1）设备场所的温度、湿度、腐蚀性气体浓度、光照、电磁波干扰等是否正常 （2）设备的地面水平、震动、通风散热等是否正常

六、及时处理设备故障

设备产生故障，轻则影响产品的质量、生产的效率等，重则可能造成停产、环境污染、人身伤害等重大事故，还有可能会降低设备的使用精度、减少其使用寿命。因此，现场管理者应重视设备故障的预防。

（一）了解故障的种类

设备故障是指设备丧失了制造机械、产品等规定的机能。一般来说，设备经常发生的故障有：

（1）初期故障，即在使用开始后的比较早期发生的故障，属设计、制作上的缺陷。

（2）偶发故障，即在初期和末期因磨损、变形、裂纹、泄漏等原因而偶发的故障。

（3）磨损故障，即设备因长时间地使用，产生疲劳、磨损、老化现象等，随着时间的推移故障率也变高的故障。

(二)分析设备故障产生的原因

预防就是要从源头上解决,因此首先应了解设备故障产生的原因。通常,设备故障主要是由各种缺陷导致的,设备缺陷具体类型及说明如表5-5所示。

表5-5 设备缺陷的类型及说明

序号	缺陷类型	具体说明
1	设计缺陷	包括结构上的缺陷,材料选用不当,强度不够,没有安全装置,零件选用不当等
2	制造加工缺陷	包括尺寸不准,加工精度不够,零部件运动不平衡,多个功能降低的零件组合在一起等
3	安装缺陷	包括零件配置错误,混入异物,机械、电气部分调整不良,漏装零件,液压系统漏油,机座固定不稳,机械安装不平稳,调整错误等
4	使用缺陷	包括环境负荷超过规定值,工作条件超过规定值,误操作,违章操作,零部件、元件使用时间超过设计寿命,缺乏润滑,零部件磨损,设备腐蚀,运行中零部件松脱等
5	维修缺陷	包括未按规定维修,维修质量差,未更换已磨损零件,查不出故障部位,使设备带"病"运转等

(三)设备故障管理

设备故障管理是指针对突发故障,采用标准程序的方法加以处理,具体可采取的方法如表5-6所示。

表5-6 设备故障管理方法

序号	管理方法	具体说明
1	就近维修	可以给各班组配备一名维修人员,并就近在设备所在的班组进行实时监控,一旦发现设备的异常状况,可以及时进行维修
2	使用看板	设置故障挂牌看板,一旦某设备发生故障,就立即挂上看板,既方便检修,又避免设备被错误使用
3	错开时间	对各种生产设备进行检修时,尽量在设备的停工期间(非正常工作时间)进行,以减少设备维修对工作时间的占用

(四)故障修理

设备使用部门遇到下列情况,须填写修理委托书或维修报告书,向设备维修部门提出修理要求。

(1)发生了突然事故。

(2)日常点检发现了必须由维修人员排除的缺陷和故障。

(3)定期检查发现了必须立即修理的故障。

(4)由于设备状况不好,造成废品。

第 6 章

保障交货期

（小A）

Q:"小A,今天挨批评了？"

A:"是啊,客户的货不能准时交,客户骂了销售,销售就骂了我们。唉,我们也不想耽误交货期,可是生产现场那么多不可控因素,有的甚至让人措手不及。"

Q:"交货期其实是可以得到保障的,关键在于我们是否用心地在做。当然,产品的交货期是由不同阶段组成的,其中班组长所在的环节主要是生产环节。"

A:"那么,作为班组长,我怎样才能做好交货期的管理呢？"

Q:"严格按生产计划执行生产,出现异常及时处理,要把握好生产的节奏,当工位出现问题时要及时调整……"

A:"请说慢一点,我记下来。"

Q:"不用记了,我给你资料,自己去看。"

A:"好的,谢谢。"

（老Q）

第一节

交货期管理基础知识

一、什么是交货期

交货期是由六部分构成的,具体如表6-1所示。

表6-1 交货期的时间构成

序号	要素类别	具体说明
1	行政作业前置时间	行政作业所包含的时间存在于采购与供应商为完成采购行为所必须进行的文书及准备工作
2	原料采购前置时间	供应商为了完成客户订单,也需要向他自己的供应商采购必要的原材料,需要花费一定的时间
3	生产制造前置时间	这是供应商内部的生产线制造出订单上所定货物的生产时间,基本上包括生产线排队时间、准备时间、加工时间、不同工序等候时间以及物料的搬运时间,其中在非连续性生产中,排队时间占总时间的一大半
4	运送前置时间	当订单完成后,将货物从供应商的生产地送到客户指定交货点所花费的时间为运送前置时间。运送前置时间的长短与供应商和客户之间的距离、交货频率以及运输方式有直接关系
5	验收与检验前置时间	该时间内的工作包括卸货与检查,拆箱检验,完成验收文件,将物品搬运到适当地点
6	其他零星的前置时间	包括一些不可预见的外部或内部因素所造成的延误以及供应商预留的缓冲时间

二、月生产计划

月生产计划的目的是做好生产前准备工作,如有问题,必须事先向上通报。当班组长接到最新的月生产计划时,首先要仔细确认与自己相关的内容,如有疑虑,用荧光笔标示问题点后,迅速向上级报告。比如:确认计划期内有无新产品,老产品的生产量有无变化,同类型的生产班组有哪些,整个计划是否有错误之处,执行计划的责任是否明确。

若没有任何问题,班组长签名后张贴于班组的白板上,向大家公布执行。另外,要识别计划中的生产要求,着手准备"4M1E"因素所关联的需求事项。如果计划生产的产品全部都是老产品,月生产计划的发行日期允许提前一个月,但如果有新产品或试用产品时,则必须提前两个月。

三、周生产计划

周生产计划主要反映的是班组一周内包括正常生产任务在内的所有重要事项,

既有上周未完成的事项，也有本周要处理的问题。该计划的目的是督促本班组的活动，以便按部就班地工作。

周生产计划实际上是月生产计划中最近一周得到确定的部分，它是生产管理部门根据生产信息变化和相关部门实际准备情况制订的现场用来安排生产的计划。它除了具有准备性，更具有执行性。

（一）周生产计划内容

（1）与生产相关的项目、质量、技术、工艺等文件资料得到落实。

（2）生产人员已全部到位，并接受了必要的相关培训。

（3）顾客的订单被再次确认，供应商的材料也有了着落。

（4）库存与出货情况基本明了，再生产时不会造成积压。

（5）计划表覆盖了两周的内容，但定性的只是第一周，第二周只是参考。

（6）在计划发行的当天如果接收者没有提出反馈意见，则将被认为接受。

周生产计划一定要把上周遗留事项与本周待处理事项的具体工作罗列出来，并注明责任人、完成日期及完成状况。

（二）周生产计划准备

由于周生产计划的管理期限比较短，因此，对于班组来说，周生产计划比月生产计划更实用些。班组长在做周生产计划时需要做好以下准备工作：

（1）确认无误后分发给各生产小组长，让他们安排工作。

（2）主要消除各种变异因素对计划可能产生的影响，如材料不到位、场地筹划欠妥、技术指标变更、工艺更改、机器维修、添置工具和治具等。

（3）进一步落实计划项目的执行，非特殊情形，各种准备事项原则上应提前一天全部完成。

（4）着手准备日生产计划实施方案，向车间主任报告。

周生产计划的格式一般与月生产计划类似，只是覆盖的生产进程只有两周而已。本周的周计划应在上周周三前制成，并在经过生产协调会议商讨后发给各相关部门执行。发行后的周生产计划一般不予变更，但在有生产事故、重要顾客的紧急订单等特殊原因时除外。虽然周生产计划可以沿用月生产计划的格式，但是有些行业为了能更突出管理要点，必要时也可以由生产管理部门另行设计。

四、日生产计划

日生产计划是生产现场唯一需要绝对执行的一种计划,它是生产现场各制造部门以周生产计划为依据给各班组作出的每日工作安排。制订日生产计划的责任者是车间主任,制订方式是在生产例会上以口头形式核准周计划中的内容,然后再由班组长按规定格式写在各自班组的看板上。班组长在执行时应按以下要求处理:

(1)计划内容是铁定的,容不得半点疑问,若完不成要承担责任。

(2)如果不能按时段完成计划的数量,则通常需要立即采取措施,如申请人员支援、提高速度、加班等。

(3)如超额完成数量,须提前向上级报告。

(4)计划中分时段规定生产数量,以便于及时跟踪。

(5)该计划是班组长制定生产日报的依据。

五、什么是瓶颈转移

企业原来的瓶颈解决后,它可能发生转移,原来出现瓶颈的部分效率提升,导致新瓶颈产生。所以,只有持续进行瓶颈的攻坚战,不断想办法,找出新瓶颈在哪里,不断解决瓶颈,整条流水线的产量才会提高。

交货期管理最优方法

一、计划执行的诀窍

(一)执行计划时要尽量减少转换模型的频次

当周生产计划中的某一时段包含多个产品模型时,班组长要从持续生产的角度出发安排日生产计划，把转换模型的概率降低到最小的状态。

（二）优先完成容易生产的产品

就像考生答试卷，总是要先挑容易完成的题目回答，再集中精力解决难题一样，生产也是如此。如果条件许可，班组应先完成一些容易出结果的任务，这样可以减轻部分工作压力。

（三）让熟悉的人做熟悉的事情

班组长应较全面地了解自己的员工，掌握员工的做事风格。例如：对于新进员工，应尽量把那些不易发生问题的产品分给他们去做；对于熟练的员工，则要让他们做难做的事情，以创造信任，增强员工的自信心。

（四）与相关部门协调好关系，达成共识

虽然生产是现场班组的职责，但是，它需要诸如品管（品质管理的简称）、工程技术、物料等诸多部门的密切配合。只有他们合作到位了，才能使生产的软、硬环境对生产有利，进而顺利地完成生产计划。

二、生产准备工作要做好

班组长在开展生产作业活动之前，必须安排好以下生产准备工作。

（一）技术准备

班组产前的技术准备主要如下。

（1）准备好图纸、工艺标准等有关技术文件和资料，如机械制造的产品结构设计和工艺设计、劳动定额与材料消耗定额资料等，要做到齐全、完整、配套。

（2）组织员工结合自己的工作，研究图纸，熟悉工艺，掌握各项技术要领。

（3）落实安全技术操作规程，明确检验方法，准备好检验工具，并提前做好检验。

(二)物资准备

班组产前的物资准备工作主要包括以下内容。

(1)把所需的各种工具、夹具、量具、模具、刀具、辅助工具等工装和工位器具准备齐全,领送到班组的有关工作地,按规定摆放在指定位置。

(2)检查调整好生产设备,使其保证达到满足生产工艺所要求的技术状态,活动设备还要提前在生产施工现场摆放好。

(3)按生产作业计划要求和使用的先后顺序,把坯料、油料和其他所需物资,如数领送到班组的工作地,放在指定位置,并进行抽检,看是否符合质量要求。

(4)疏通水管、电路、道路、通信线路,保证正常。

(三)组织准备

班组产前的组织准备的主要内容如下。

(1)按作业计划要求,事先做好人员配备,保证班组工种之间、工序之间人力匹配,并做好人员培训、岗位练兵、人员分工、明确职责等。

(2)确定生产班次,落实岗位责任制,明确班组长的任务,规定统计报表和原始记录的传递路线和时间,建立各种管理制度等。

(四)生产秩序和环境准备

1. 现场秩序管理

现场秩序包括劳动纪律、工作风气、人员面貌和素质等内容,管理的目的就是一方面要确保员工能够按企业的规定从事工作,另一方面要促使员工积极、主动地维护这种秩序。具体需要准备的内容如下。

(1)没有迟到、旷工等现象,人人都能遵章守纪。

(2)没有萎靡不振的现象,人人都保持良好的精神状态。

(3)所有员工能自觉地参与各种准备活动。

(4)员工确保自己的行为符合规范和要求,不会妨碍他人。

(5)对于新产品、新技术,员工能学习和掌握工作要点,熟知重点作业内容。

2. 倡导自主管理

所谓自主管理，就是要求员工以自己管理自己的心态处理工作事项，并及时报告发现的异常，主动采取措施处理，而不是等待管理者来催促。班组长从工作一开始就要给员工树立这种思想，以确保形成良好风气。

3. 现场环境管理

现场环境包括现场的温度、湿度、污染、噪声和安全等内容，管理的目的就是一方面确保员工能够在现场愉快地工作，另一方面确保产品和设备符合具体要求。通常需要准备的内容有：

（1）点检各种环境指标检测器具的有效性，并记录显示的数据。

（2）当发现有不符合的情况时，要及时采取措施处理，并确认处理结果。

三、有效安排生产线

班组长在接到生产计划或生产通知单后，应依据作业步骤图和现场配置图进行排拉，排拉的结果是要制定排拉表。

（一）排拉表的作用

排拉表对生产管理起着指导作用，班组长可根据排拉表上的时间、人数、设备或工具、辅料等内容，做生产前的计划或安排，以确保生产顺畅。其具体作用表现在以下几个方面：

（1）可以了解产品各道生产工序的快慢，最少需要多少人。

（2）通过排拉表可以看到工序之间的前后关系，即哪个工序在前，哪个工序在后。

（3）后道工序可以检查出前道工序的错误。

（4）后道工序不会对前面加工出的产品有损害。

（5）可以平衡各工序的生产进度。

（6）可以给出合理的工作空间和时间。

（7）可以明确地计算出生产时间、非生产时间、检验时间。

（8）可以计算出每日生产能力及生产效率，并通过对比来了解和缩小差距。

（二）排拉表的分类

排拉表根据生产变化情况一般可分为正常工序生产排拉表和非正常工序生产排拉表（也称加工排拉表）两类。

（三）正确认识排拉表

班组长接到排拉表后，应认真研究与领悟，理解排拉表内每道工序的要求（如人力、时间、工序名称、工夹具等重点项目的内容），做到心中有数，以此来安排生产，并将其作为改善或调整安排的基础。有些班组长认为，排拉表没有用或者与自己没有关系，因此随便乱放或根本不去看它，这是不正确的。

（四）编写排拉表

编写排拉表前必须清楚以下事项：

（1）产品每一道工序生产需用的总时间或每小时产量。

（2）生产线或机器最大可容纳人数。

（3）要求每小时的产量是多少。

（4）根据产量计算所需用的人数和设备或工具数量。

（5）工序生产所需用的辅助物料。

（6）生产性、非生产性、检验时间的划分。

（7）操作方法。

以下举一个实例来说明排拉表的编写。

某电器厂一生产线有10个工位，班组长依据生产作业步骤和IE（工业工程）工程师给定的标准工时，在结合作业者的实际状态后制定了工序排拉表，见表6-2。

表6-2　工序排拉表

工时单位：秒　　　　　线别：A2　　　　　日期：2019年6月15日

工位	标准工时	节拍工时	配置方式	配置人数	实用工时	姓名	备注
下机	25	45	新手	1	36	周××	
加工	36		一般	1	36	王××	

续表

工位	标准工时	节拍工时	配置方式	配置人数	实用工时	姓名	备注
安装	38	45	一般	1	38	李××	
配置	40		一般	1	40	刘××	
组装	42		熟手	1	40	陈××	
目检	45		熟手	1	40	赵××	
调试	86		熟手	2	各39	朱××、罗××	
检查	88		熟手	2	各40	杨××、高××	
组合	40		一般	1	40	岳××	
包装	35		新手	1	38	巩××	

该生产线的组长通过上述配置，使得实际的节拍时间由标准状态的45秒减少到40秒（最大值），这样就可能增产12%。他在这里使用的排拉手法有3个特点，分别是：

（1）分解调试位、检查位，分别安排2个人作业。

（2）下机和包装位采用新手作业，延长了实用工时。

（3）组装、目检、调试、检查位采用熟手，减少了实用工时。

四、加工作业要提前

（一）加工作业的特点和分派方法

加工作业通常具有下列特点：作业场所在生产线外，作业时间有一定提前性，作业量仅在日生产计划中有所反映，作业者一般都是排拉后的富余人员，作业位置不一定固定。鉴于上述情况，班组长有必要灵活地管理加工作业，在具体分派时应遵守下列方法。

（1）一定要设置必要的提前期，确保不耽误正常作业。

（2）选择位置时应注重方便、就近的原则，减少重复搬运。

（3）加工作业的量可以依据平时生产经验灵活增减。

（4）班组富余人员数量的多与少也可以作为灵活调节的依据。

（二）加工作业安排注意事项

班组长安排加工作业时要注意加工位置、加工流程、加工时间、加工数量这四个方面。其中，加工时间和加工数量取决于生产计划，不是管理的重点；加工位置和加工流程具有很多可变因素，是实施管理的重点。

五、控制最佳的生产节拍

生产节拍（takt time，takt是德语，原意是乐队的指挥棒），是指生产一个产品所需的时间，即一天的工作时间除以一天所生产产品的数量。即：

$$生产节拍 = \frac{生产时间}{生产数量}$$

例如，某产品某日生产量为500个，当日工作时间为8小时，则生产节拍＝（8×60）÷500＝0.96（分／个）。

这里一天所需的生产数量是根据生产计划来确定的，而生产计划是基于市场预测和订单情况制订的。因此，每天的生产数量并不是一定的，而是不断变动的。精益企业要求每一个人都使用标准工作程序，用与客户需求的速度相匹配的节拍生产产品。

生产节拍不一定等于生产周期。如果生产周期大于生产节拍，就需要安排加班，或提前安排生产，储备一定库存，以满足生产节拍的需要。无论是加班还是增加库存，都需要增加成本。因此，在组织同步化生产过程中，一定要追求生产周期与生产节拍的基本一致，否则会产生浪费。

六、处理好紧急订单

在计划的实际执行中，经常会接到各种计划外的生产订单。急单出货由于时间未定、期限紧，在生产安排时必须要认真处理。

遇到各种紧急订单时，班组长要配合管理者全力安排完成，具体可从以下几方面进行。

（1）分清订单的紧急程度，并视具体的客户类型进行安排。

（2）可与原有的计划订单进行协调，将不急的订单往后安排，重点安排急单的生产。

（3）安排加班、轮班，在按计划生产的同时，加紧急单的生产。

（4）指派专人对急单的生产进行跟踪，随时掌握具体的生产进度。

七、计划延误要想办法补救

出现急单、物料供应落后、机器故障等情况，经常会导致现场的生产计划出现延误。计划如果有延误，交货期就会受到影响。所以必须掌握现场的具体生产情况，并及时补救。

（一）查看延误

班组长必须随时对生产线进行巡查，及时发现各种导致计划延误的情况。班组长可以查看各班组的生产任务看板，对具体的数据进行分析；也可以对现场的设备、物料供应、作业形式等进行仔细检查，以确定是否有出现延误的征兆。

（二）公布延误

每天的工作结束后，现场主管要总结当天的生产数量，将出现的延误记录下来，并公布在现场的看板上，注明延误的原因；在次日的早会上告知每一个作业人员，并说明解决措施。

（三）采取补救措施

针对生产计划的延误情形，通常在查明原因后，除了设备检修、及时供料外，对数量的延误要制订具体的补救计划，一般通过加班的方法进行。

> **特别提示**
>
> 在安排加班时，尽量不要将所有的任务累计起来而集中到某一休息日（星期天）进行，最好将任务平均安排在工作时间内，可以每天安排加1~2小时的班。

第三节

交货期管理注意事项

一、及时处理生产异常

生产异常在生产作业活动中是比较常见的，班组长应及时掌握异常状况，适时采取相应对策，以确保生产任务的完成，满足客户交货期的要求。

（一）了解生产异常

生产异常的出现具有很大的偶然性。在生产现场，由于计划的变更、设备的异常、物料供应不及时（断料）等会产生异常。班组长可采取以下方法掌握现场的异常情形：

（1）设置异常管理看板，并随时查看看板。

（2）通过生产进度跟踪表将生产实绩与计划产量对比以了解异常。

（3）设定异常标准，通过现场巡查发现问题点来判断是否异常。

（二）处理生产异常

在发现现场的生产异常情形后，班组长要在第一时间将异常排除，并将处理结果向生产主管反映。具体的异常排除措施如表6-3所示。

表6-3　异常排除措施

序号	异常情形	排除说明
1	生产计划异常	（1）根据计划调整，作出迅速合理的工作安排，保证生产效率，使总产量保持不变 （2）安排因计划调整而余留的成品、半成品、原物料的盘点、入库、清退等处理工作 （3）安排因计划调整而闲置的人员做前加工或其他工作 （4）安排人员以最快速度做计划更换的物料、设备等准备工作

续表

序号	异常情形	排除说明
2	物料异常	（1）物料即将告缺前30分钟，用警示灯、电话或书面形式将物料信息反馈给相关部门 （2）物料告缺前10分钟确认物料何时可以续上 （3）若物料属短暂断料，可安排闲置人员做前加工、整理整顿或其他零星工作 （4）若物料断料时间较长，要考虑变更计划，安排生产其他产品
3	设备异常	（1）发生设备异常时，立即通知技术人员协助排除 （2）安排闲置人员做整理整顿或前加工工作 （3）若设备故障不易排除，需较长时间，应安排闲置人员做其他的相关工作
4	制程质量异常	（1）异常发生时，迅速用警示灯、电话或其他方式通知品管部及相关部门 （2）协助品管部、责任部门一起研讨对策 （3）配合临时对策的实施，以确保生产任务的达成 （4）对策实施前，可安排闲置人员做前加工或整理整顿工作 （5）异常确属暂时无法排除时，应及时向管理者反映，并考虑变更计划
5	设计工艺异常	（1）迅速通知工程技术人员前来解决 （2）短时间难以解决的，向管理者反映，并考虑变更计划
6	水电异常	（1）迅速采取降低损失的措施 （2）迅速通知行政后勤人员加以处理 （3）人员可作其他工作安排

二、交货期变更处理

如果订单由于特殊原因，客户要更改交货期，班组长要及时与相关人员进行沟通，并及时地调整生产，尽量保证交货期。

（一）调整进度

根据客户的交货期，调整生产的进度，具体应发出进度修订通知单（如表6-4所示），调整生产计划。

表6-4 进度修订通知单

收受：　　　　　　日期：　　　年　　　月　　　日　　　　　　　编号：

订单号	品名	类别	投料日期	完工日期	数量	修订日期
		原进度				
		修订进度				
		原进度				
		修订进度				
		原进度				
		修订进度				

生产主管：　　　　　　　　　　　承办：

（二）安排生产

如果交货期提前，班组长要耐心向员工说明情况，并安排加班，对于不急、不重要的订单可以延后生产。如果交货期延后，则可以调整生产计划，将其他订单优先生产，但必须保证调整后的订单能按期交货。

三、加强对生产线人员状况与工位的管理

（一）对班组人员流动的状态进行管理

对于班组人员流动的状态，班组长一定要了然于胸，而查看班组人员流动状态看板则是一个很好的了解人员流动情况的方法，具体可参照表6-5。当然，并不是所有的班组都需要查看班组人员流动状态看板，比如流水线作业的班组就没必要，因为流水线上一个萝卜一个坑，谁在谁不在，一看岗位就非常清楚。班组人员流动状态看板主要适合在离散型工厂里工作的班组使用，如物料组、动力班、实验班等。

表6-5 班组人员流动状态看板示例

序号	姓名	在岗	出差	请假	去厕所	实施支援	其他
1	周××	●					
2	王××	●					
3	陈××		●				
4	朱××	●					
5	巩××	●					
6	罗××			●			
7	李××				●		

（二）安排人员顶岗

当员工离开岗位，如上厕所、喝水，发生意外需休假一天，迟到或临时请假，在这些时候，班组长必须安排员工顶替该工位的作业，如果无人可安排，则必须自己顶替员工工作，以保证生产线的正常运行。

对于临时离开岗位的员工一定要求他们向班组长提出口头申请，同时，离位者要卸下操作证，佩戴离位证。对于顶岗员工的工作，班组长要多加留心。为保证顶替作业期间，产品质量的持续稳定以及满足生产节拍的速度要求，班组长必须掌握所在班组每一工位的操作技能、操作要求及质量标准。

（三）灵活安排多能工

多能工是指掌握两项或两项以上操作技能的员工，俗称多面手。因为这些人员在生产作业中可以被灵活地调遣，所以，他们通常是班组的宝贵资源，班组长对之要合理安排并很好地管理。

（1）建立多能工岗位表（见表6-6），以便于掌握本班组多能工的情况，方便在缺人的时候灵活安排。

表6-6 多能工岗位表示例

序号	姓名	磁厂介入	充磁吸尘	入铜胶介子	电枢芯组入	大小壳组入	啤小壳	奈印（批号）	电检	外观检查
1	巩××	☆	◇	●	◇	◇	●	※	●	☆
2	赵××	●	●	◇	☆	●	※	●	※	●
3	陈××	☆	☆	☆	●	※	◇	☆	☆	※
4	刘××	●	●	●	●	※	※	☆	☆	◇
5	李××	※	☆	☆	◇	●	●	※	●	☆
6	杨××	☆	※	●	※	●	◇	※	●	●
7	朱××	※	◇	◇	☆	●	●	☆	※	●
8	罗××	☆	※	☆	●	●	☆	◇	※	☆
9	高××	●	☆	※	●	☆	●	●	◇	☆
10	王××	●	●	☆	☆	●	※	☆	●	※

注：1. ☆表示技能优越，可以指导他人。
　　2. ●表示技能良好，可以独立作业。
　　3. ※表示具有此项作业技能，但不是很熟练。
　　4. ◇表示欠缺此项作业技能。

（2）定期并有意识地调换多能工的岗位，以确保他们各项技能作业的熟练度。

（3）尽可能扩大多能工范围，让更多的人成为多面手。

（4）必要时区别他们的特长和强项，并注意发挥利用。

（5）在平时工作中多注意观察、挖掘和培养多能工。

（6）要确保多能工的岗位津贴保持在合理的平衡点。为此，班组长要了解本工厂的多能工薪资管理制度。

四、把控好多品种生产快速转换 ▶▶

在多品种少量生产型企业中，生产线每天可能要进行几次（多的甚至是十几次）的产品切换，即当某一种产品产量完成时需要转换成另一种产品的生产，这就是生产中常说的"换拉"，也叫产品切换（换模）。

（一）产品切换的内容

在进行产品切换时，切换内容不仅包括产品间零件的不同部分，还包括不同产品的生产条件和规格，比如装配方法，检验规格，生产用的各种工具、夹具、计量仪器等。

（二）产品切换的方法

1. 休克转换法

休克转换法就是先将此产品使用的全部物料、半成品及与另一产品不适合的用具（工模夹具）清除，再投入另一产品的有关材料及工模夹具，才开始生产。所谓休克，就是使生产线保持片刻的空载，停顿一定的生产时间，确保两种产品之间具有适当的间歇和隔离，以免物料发生混淆。

该方法适用于生产产品比较复杂、生产管理水平一般的企业。其优点是物品分明、账目清楚、不会发生混乱，但缺点是耗时长、浪费大。

2. 循环转换法

循环转换法是在不清理生产线的情况下直接投入所要转换的产品的各种物料及工具，从而进行生产的一种方法。其特点如下。

（1）不中断生产。

（2）被转换产品跟着前生产品下机。

（3）被转换的物料采用不同颜色的器皿放置。

（4）在产品转换完成后撤走前产品所用的各种物料及工具。

该方法适合于生产管理水准较高的企业，因为是在不清理生产线的情况下两种产品混流生产，所以，这就要求操作者具有很高的识别能力。

3. 混合生产转换法

混合生产转换法是利用产品混合下生产线的方式进行转换，如图6-1所示，运用循环方式下机和生产。混合生产转换法适合于多品种小批量生产，是一种比较先进和高效率的生产方式。

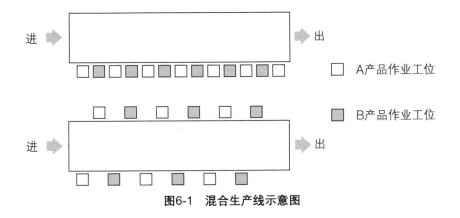

图6-1 混合生产线示意图

（三）产品切换的基础工作

（1）班组长提前确认当天的生产计划，如果计划中当天必须生产两种以上的产品时，则需要进行产品切换。

（2）根据企业的产品间差异一览表（见表6-7）（如果没有，可根据实际情况制表），明确各个岗位（工段）的产品差异情况，在切换产品时加以对照。

表6-7 产品间差异一览表

产品名	零件差异		用具差异		生产检验条件差异	
	通用	差异	通用	差异	通用	差异
A						
B						
C						
D						

（四）产品切换的顺序

1. 切换前的准备

（1）将生产计划公布在班组园地的看板上，提醒各工段的班组长产品切换的型号、次数。

（2）根据生产计划准备好当日产品检查表，决定组装序号，并将产品切换卡填好随产品检查表放置在一起，从而提醒第一道工序的作业者产品切换的时间点。班组长确认切换准备工作完成后，在产品切换卡上签名，并移交给第一道工序的作业者，第一道工序的作业者确认需要切换的内容后实施产品切换，以此类推至最后一道工序。产品切换卡做成两份，第一份贴在前产品的最后一件产品上，第二份贴于被切换产品的第一件产品上，如图6-2所示。

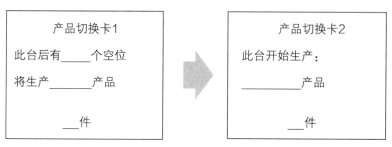

图6-2　产品切换卡

2. 物料配送确认

（1）在物料仓库配送区揭示板查看当日的生产计划及生产顺序。

（2）物料配送人员则按生产顺序更换及确认物料编号是否正确，实物是否与外箱一致，将上一产品剩余的物料放到待返物料放置区。

（3）将产品切换卡贴在制品板上，按顺序传给下一道工序的作业者确认。

3. 组装线确认

（1）上一批产品生产完后投放空位时，可根据产品间差异一览表确认本工位的物料（产品差异的物料种类、数量、检验条件），当发现差异物料没有更换或更换不正确时应立即联络物料配送人员或相关区的班组长。

（2）确认正确无误后在产品切换卡上签名，将产品切换卡贴在产品上，给下一道工序的作业者确认。

4. 产品检验确认

（1）在投放空位（空板）的时候，确认下一产品使用的电压是否正确切换。

（2）检查用具的切换。

（3）包装品差异的切换（商品标志、安全标志、说明书等）。

（4）确认无误后在产品切换卡上签名，将产品切换卡贴在产品上，给下一道工序的作业者确认。

5. 确认下线产品物料

（1）产品切换后，下线产品未用物料由班组长按下线产品件数预留，放在规定的位置。

（2）下线产品修理需更换零部件时联络物料配送人员或班组长，办理领用登记后方可拿走。

6. 剩余物料处置

（1）上批使用剩余的物料撤下后放在规定的待返物料放置区，摆放整齐，一个箱子里只放一种物料，并在物料箱外侧贴上物料编号、使用产品和剩余数量。

（2）超过7个工作日不生产的剩余物料必须返回仓库，便于统一管理，防止误用。

7. 产品切换卡的使用

（1）产品切换时各区域、各工位必须按规定确认并签名。

（2）各工段班组长确认后在产品切换卡上"确认者"后的空格内画"√"，并确认产品切换后前三件产品。

（3）产品切换卡随产品流到包装这一最后工位，由外包装线班组长将此卡收好（按工段发行时，则由各工段的班组长将此卡收起），并确认各区域、各工位的确认者有无签名，确认无误后外包装线班组长签名，交上司审核、批准。

第7章
有效控制班组成本

（小A）

A："老Q，做班长压力好大的，感觉自己吃不消了。"

Q："又怎么啦，遇到难处了？"

A："公司今年一直在强调要控制成本，每月班组都要上交一份班组成本控制成效总结。可是，有的事情不是想做就一定可以立马见效的。这不，B车间的王班长就是由于成本控制工作没有做好，直接被降职了。"

Q："哦，这回事啊。这你得理解公司，如今，各行各业的经济都不大景气，公司难以'开源'，就得从'节流'方面采取措施，以此来减少运营成本。真正的成本控制是每一个公司成员都要关注的事情，作为班组长更是有责任关注成本，并要力求控制成本、开源节流。"

A："这我理解，可是我不知道该如何控制啊。"

Q："你找对人了，我把我的经验刚好整理出来了，准备在公司推广呢，你先看吧。"

A："太好了，谢谢老Q！"

（老Q）

第一节 成本控制基础知识

一、成本基础知识

（一）生产成本的概念

企业为生产一定种类、一定数量的产品而发生的各种生产费用支出构成了产品生产成本。

（二）班组成本的构成

所有在班组消耗的人力、物力、财力均是班组成本的组成部分，具体如图7-1所示。

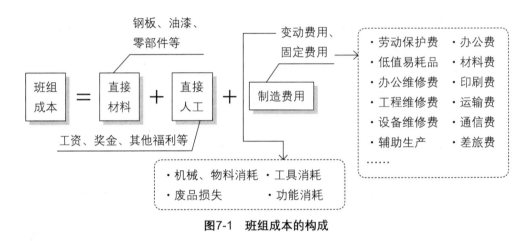

图7-1 班组成本的构成

二、班组长对于成本有何职责

成本控制是每一个公司成员都要关注的事情，班组长更是有责任关注成本，并力求控制成本，开源节流。班组成本管理工作内容如表7-1所示。

表7-1 班组成本管理工作内容

两大方向	四项工作	班组长职责
浪费控制	掌握基础	（1）了解成本的概念 （2）了解公司产品的成本构成 （3）掌握班组的成本构成重点
	监督行为	（1）有发现浪费现象的能力，掌握班组常见的浪费现象 （2）了解浪费与公司、班组及个人的关系
	指导方法	（1）指导直接材料的收、发、存及异常处理 （2）指导班组常用生产制造费用的业务处理 （3）掌握日常表格、表单填写方法 （4）掌握班组各项基础成本工作方法

续表

两大方向	四项工作	班组长职责
降本改善	管理改善	（1）掌握改善的途径 （2）了解改善的内容和方向 （3）掌握一定的改善方法，并带领和指导班组员工实施改善

第二节

成本控制最优方法

一、运用3U MEMO法找出浪费

发现存在于工作现场的3U，即不合理（unreasonableness）、不均匀（unevenness）、浪费和无效（uselessness），使其显在化，这就是3U MEMO。

（一）3U MEMO的目的

3U MEMO使监督者仔细观察自己的工作现场，培养洞察力，并可将其作为作业改善的着眼点。

（二）运用方法

（1）发现问题（不合理、不均匀、浪费和无效）时就做记录。
（2）即使没有改善方案也要养成记录的习惯。
（3）有解决方案时将其填入3U MEMO表中。

（三）应用范围

（1）将结果当作改善提案提出。
（2）作为提案的附件，则更具效果。

（3）可用于组织制度等的改善活动。

（4）可活用于品管圈活动。

（5）可作为技术信息搜集的横向发展。

（四）3U MEMO的填写程序

3U MEMO在填写问题点阶段，应利用5W1H，掌握定量的实际情形，如表7-2所示。

表7-2 3U MEMO表

编号：

部门		姓名	
作业内容			
要点：		工程名称：	□（一）不合理 □（二）不均匀 □（三）浪费和无效
发现问题的日期： 问题点之略图：		问题点（尽量以定量的形式描述）：	
解决方案（具体、定量地写出解决的方案和实施措施）：		实施之略图： 提出或实施解决方案的日期：	
改善要点的重要说明：		实施成果： 实施成果的经济效益（用金额表示）：	成果与提案的关系：

（五）3U MEMO实施改善手法

（1）目不转睛地观察5分钟。主要是观察5W1H的相关事项，即何事（what）、为何（why）、何处（where）、何时（when）、何人（who）以及何种方法（how）。

（2）找出人、材料、设备、方法等的不合理、浪费和无效、不均匀处，如表7-3所示。

表7-3　3U检查表

3U	具体检查内容		
	作业者	机械、设备	材料
不合理	（1）作业人员是否太少 （2）人员的调配是否适当 （3）能否工作得更舒服一点 （4）能否更为清闲一点 （5）姿势 （6）处理方法有无不合理之处	（1）机械的能力是否良好 （2）机械的精度是否良好 （3）计量器具的精度是否良好	（1）材质、强度是否有不合理之处 （2）是否有难以加工之处 （3）交货期是否有为难之处
浪费和无效	（1）有无"等待"的现象 （2）作业空暇是否太多 （3）是否有不必要的移动 （4）工作的程序是否良好 （5）人员的配置是否适当	（1）机械的转动状态如何 （2）钻模是否妥善地被使用 （3）机械的加工能力（大小、精度）有无浪费之处 （4）有否进行自动化、省力化 （5）平均的转动率是否适当	（1）废弃物是否能加以利用 （2）材料是否剩余很多 （3）有无再度涂饰
不均匀	（1）忙与闲的不均情形如何 （2）工作量的不均情形如何 （3）个人差异是否很大 （4）动作的联系是否顺利，有无相互等待的情形	（1）工程的负荷是否均衡 （2）是否有等待的时间、空闲的时间 （3）生产线是否平衡，有无不均衡的情形	（1）材质有无不均的现象 （2）有无发生歪曲的现象 （3）材料是否能充分地供应 （4）尺寸、精度的误差是否在允许的范围之内

二、做好班组生产作业统计

要做好班组成本管理，首先要做好班组生产作业统计工作。班组生产作业统计是指班组在实现生产作业计划的过程中，对生产过程各阶段中的原材料投入、在制品流转、产品生产以及作业完工情况等生产活动的动态数据所进行的收集、整理、汇总和分析。它是企业生产统计的一部分。

（一）在制品情况统计

在制品情况统计是指对在制品在班组各个生产环节的流转情况以及在制品资金占用量的统计。

（二）生产进度统计

生产进度统计是指对产品、零部件在生产各工序的投入日期、投入数量、出产日期、出产数量以及发生的废品数、返修品数的统计及分析。

（三）生产作业计划完成情况统计

生产作业计划完成情况统计是指对产品和零部件的完工统计，对各个岗位的员工完成计划任务和工作量的统计。

（四）生产指标统计

生产指标统计主要是指对生产总量、品种产量、产品成套率、产品均衡率、劳动生产率等生产指标的统计。

三、做好班组直接材料的领料管理

班组生产领料时必须按照规定，根据物料清单（BOM）和生产任务单，认真核算物料的需求量，填写领料单后向仓库领料。领料单（物料申领单）如表7-4所示，有的企业制定限额领料单，如表7-5所示。

表7-4　物料申领单

制造单号：		申领日期：	年　　月　　日
领料部门		部门编号	
领料人		批准人	

续表

领料部门				部门编号					
物料用途说明									
物料形态说明		□原材料	□辅助材料	□半成品		□成品	□不良品	□其他	
物料编号	品名规格	申领数量		实发量	不足量		单价	发料人	备注
复核		仓储部经理			领料人签收				
		仓库主管							
		仓库管理员							

表7-5 限额领料单

编号：

领料部门					仓库				
日期			至		物品用途				
计划生产量					实际生产量				
物品名称	物品编号	规格	单位	领用限额	调整后限额	实际耗用			
						数量	单价	金额	
领料记录									
领料日期	申领数量	实发			退料			限额结余	
		数量	发料人	领料人	数量	收料人	领料人		

计划部门： 供应部门： 仓管员： 领料部门（人）：

班组需要领料必须由班组成本核算员或班组长先到库房领取领料单，填写完后再到库房领取，严禁先领料后补单据。领料单严禁涂改，如有笔误，在写错的地方进行涂改，并在涂改处签字确认。

四、做好生产现场的存货管理

生产车间在生产过程中按生产计划领料后，须做好临时在现场摆放物料的储存工作。

（一）现场物料保管的要求

凡领用的贵重材料、小材料，必须在室内规划出合适的地方放置，并加锁保管，按定额发放使用。

凡领用的机器设备、钢材、木材等大宗材料，若需暂时存放在生产现场，必须堆放整齐，下垫上盖，并有专人负责。

上线加工必须做到工完料净，把剩余的材料全部回收，登记入账，留作备用。

（二）现场物料的堆放

（1）最大化利用存储空间，尽量采取立体堆放方式，提高生产现场空间的使用率。

（2）利用机器装卸，如使用加高机，以增加物料堆放的空间。

（3）车间的通道应有适当的宽度，并保持一定的装卸空间，保持物料搬运的顺畅，同时不影响物料装卸工作效率。

（4）不同的物料应依物料本身形状、性质和价值等而考虑不同的堆放方式。

（5）考虑先进先出的原则。

（6）物料的堆放，要考虑存储数量读取方便。

（7）物料的堆放应易于识别与检查，如良品、不良品、呆料和废料均应分开放置。

(三) 暂时不用物料的管理

暂时不用的物料是指由于生产要素的制约或突变，本次生产活动结束后，仍无法全部使用完毕的材料，包括呆料、旧料。

现场长时间放置上述物料，会造成物料串用、丢失，管理成本增加及浪费空间等负面效果。现场对暂时不用物料的管理措施如表7-6所示。

表7-6 现场对暂时不用物料的管理措施

序号	管理措施	具体说明
1	设置暂时存放区：在现场规划出一块区域，做上标志，将所有暂时不用的物料，封存好后移到该处	（1）只有小日程（即每个作业人员或机械从作业开始到结束为止的计划，时间从数日到数星期）计划生产的材料才可以在暂时存放区摆放 （2）虽然小日程计划生产需要，但是数量多、体积庞大，或保管条件复杂的材料，应退回仓库管理 （3）中日程（即关于制造日程的计划，时间多为一个月或数个月）或是大日程（即为期数月至数年的计划，规定了从产品设计开始到原材料、部件采购直至产品加工制造这一段时间）计划生产需要的材料，应退回仓库管理 （4）不管是现场保管还是退回仓库管理，都必须保证物料的质量不会有任何劣化
2	机种切换前材料全部清场	从第一个生产工序开始，回收所有剩下的物料，包括良品和不良品。点清数量后，放入原先的包装袋中，用标贴纸加以注明，然后拿到暂时存放区摆放。若不良品不能及时清退，良品和不良品要分开包装，不良品多加一道标志
3	遵守"先来先用、状态良好、数量精确"三原则	（1）暂时存放的物料要用原包装封存，若原包装破损，可用保鲜薄膜或自封胶袋处理，以防潮、防虫、防尘 （2）下次生产需要时，要优先使用暂时存放区的物料 （3）封存后的物料要定时巡查，以防不测

五、做好物料退库管理

（一）物料退库的要求

车间在生产中发现的不合格的物料、包装材料可退回仓库。每批产品生产结束后，在换批或换品种前，可将剩余的物料、包装材料办理退库。所退物料须包装严密，用原外包装原样包装好后，标明名称、规格、批号、数量、退库原因等。经质检员检查签字后，方可办理退库。

（二）物料退库的程序

物料退库单由车间核算员用红笔填写，经车间主任、质检员审核签字后，随同物料交仓管员，如表7-7所示。

仓管员接到车间核算员用红笔填写的物料退库单后，应检查物料状态及包装情况并做好记录。

表7-7 物料退库单

编号：　　　　　　　　　　　　日期：　　年　　月　　日

退料部门			部门编号	
料号			退料理由	
名称			□物料质量有问题 □领料过剩 □其他	
规格				
数量		单位		
单价		总价		
备注				

核准人：　　　　　　　质检员：　　　　　　　填单人：

六、怎样降低直接人工成本

人工成本是班组成本中的一个重要部分，对于一些手工作业的企业来说，这部分成本的比重还比较大，所以，降低直接人工成本非常重要，具体可从以下几个方面来进行。

（一）避免停线

要避免停线，则要做到以下工作。

（1）不合格品在线下返工。

（2）班组长可以随时顶岗。

（3）日常做好设备保养检查工作。

（4）开线前班组要进行人员、机器、材料、工艺方法、环境等各方面的检查。

（二）均衡生产，对瓶颈工位要实施改善

瓶颈工位是指在整个生产流水线中，或各生产工序中，进度最慢的工位。它又分为：先工位瓶颈、后工位瓶颈。存在先后顺序的工位瓶颈，将会严重影响后工位的生产进度。

如果瓶颈工位与其他工位在产品生产过程中的地位是平行的，那么，瓶颈问题将会影响产品配套。针对工位瓶颈，其解决步骤如图7-2所示。

图7-2 工位瓶颈的解决步骤

（三）尽量不要安排加班

加班需要付加班费，尤其是国家法定假日的加班，加班时间长，加班费就成了成本增加的一个重要部分。所以，班组长在申请加班时一定要谨慎，要严格按照公

司的规定来申请加班。

七、降低工具损耗

（一）工具的使用形式

工具的使用形式有两种，一种是借用，另一种是领用。

1. 借用

不常用的工具采用借用形式，在库房填写工具借用卡（见表7-8）后，将工具借走。应注意的是，工具必须在规定的时间内归还，以方便其他人借用。工具归还时，借用者必须填写归还日期及借用者姓名，填写时应逐行填写，不允许两行只签一个名字。

表7-8 工具借用卡

编号	工具名称	规格	借用数量	借用日期	预定归还日期	借用者签名	实际归还日期	经办者签名

2. 领用

常用工具采用领用形式，填写个人或班组工具领用卡（见表7-9）。工具领用卡一式两份，自留一份，库房一份。离岗或调岗必须办理相关的工具交接手续。应妥善保管个人工具，发生工具丢失时，个人须根据相关的规定进行赔偿。

表7-9 工具领用卡

编号	工具名称	规格	单位	数量	领用单位	领用人	领用时间	归还时间	签收人

续表

编号	工具名称	规格	单位	数量	领用单位	领用人	领用时间	归还时间	签收人

（二）工具的浪费控制与改善

工具的浪费控制与改善措施，具体如表7-10所示。

表7-10 工具的浪费控制与改善措施

序号	措施类别	具体说明
1	领用控制	贵重工具按定额并遵循以旧换新的原则领用，耗用性工具（如砂纸类）可结合实际情况确定领用控制方式
2	日常管理	做好班组工具的定期维护、保养、整理整顿工作，损坏的工具及时报修，做好每日工具的交接，避免工具丢失
3	修旧利废	将损坏的工具利用备件来修理，达到修旧利废的目的
4	工具报废要严格控制	工具损坏后若要报废，要严格按照公司规定的流程来进行，如某公司规定其工具报废流程为： 经工艺人员判定工具为正常损坏的，须办理以下手续。 （1）借用工具：凭领料单将工具领回→填写工具报损单→工具卡上销账 （2）领用工具：填写工具报损单→工具卡上销账

八、开展以旧换新、修旧利废活动

以旧换新是指为杜绝浪费、控制生产成本，而特别加强对消耗品的使用管理，提高消耗品的有效使用效率，要求现场工作人员在领用一些消耗类、劳保类、文具类、维修类物品时，必须把旧的交回才可以领到新的。

修旧利废就是将回撤或更换的设备、材料直接或经修理后再投入使用，充分发挥了物资价值，减少资源浪费。

（一）以旧换新

为使以旧换新能更好地被执行，最好制定以旧换新制度，确定以旧换新的物品范围、责任人员、标准、工作流程及不执行的处罚规定。同时，可以将以旧换新项目明细用看板的形式公示出来。

辅料以旧换新方法说明

名称： 　　　　　　　　　　　数量：
型号： 　　　　　　　　　　　日期：

项目	更换方法	备注
胶水类	（1）用完后，保留原罐，以旧换新 （2）用小容器细分，按实际用量，发够一天所需量	
油脂类	（1）用完后，保留原罐，以旧换新 （2）辅料小车定时推过，不足时，及时添加	
烙铁头	以坏换新	
手套	每次发两对，以旧换新	约每周一对
电池	QC检查人员每人2对，其他人每人1对，用尽后在底部打"×"，以旧换新	每对约使用17小时

注：1. 以上辅料若要增加使用量，也要重新申请。
　　2. 严禁人为破坏。
　　3. 更换时无须签字或盖章，由辅料管理人员记录消耗数量。
　　4. 本部门主管定时巡查，若发现有多余，一律上交。

（二）修旧利废

修旧利废活动是加强企业管理、减少浪费、降低成本费用的有效途径。企业要鼓励各车间自主创新，修旧利废，进行适度改革，并做好记录。同时，为使这项工作有持续性，要制定相应的实施细则，确定修旧利废管理标准的职责、内容、要求、奖励及考核标准。

九、现场改善和消除浪费

班组长在发现浪费的情况后,要运用IE手法、QC手法等与同事共同商讨对策并予以实施。

(一) IE手法

IE是指industrial engineering,即工业工程,IE手法包括:方法研究(程序分析、动作分析)、作业测定、布置研究、生产线平衡等。在现场IE中,IE七大手法包括:程序分析、动作分析、搬运分析、动作经济原则、作业测定、布置研究、生产线平衡。

(二) QC手法

QC手法有新旧之分,具体参阅第三章的相关内容。

十、物料台面管理

在讲到物料台面摆放时,首先要查看生产现场是否有以下现象(见图7-3)。

现象一	大多数工序的作业台只利用了平面空间,未利用立体空间
现象二	物料几乎堆满了整个作业台
现象三	装载托盒不合理,要么"大材小用",要么"小材大用"
现象四	多人挤用一张作业台,作业人员利用身前身后的空间,到处存放物料
现象五	作业人员自己创作了各种装载托盒,放在作业台上
现象六	地面上不时可以看到从台面跌落的各种小零件
现象七	良品与不良品全都放在台面上,除了作业人员自己以外,其他人不知道是好是坏

图7-3 物料台面摆放现象

对以上这些现象，许多班组长都习以为常，认为作业台如果不是用来放东西的，还能用来干什么呢？

其实，作业台可以说是生产线的主战场，是现场中的现场。真正意义上的生产活动都是在这里进行的，产品的质量、成本、交货期都要在这里通过作业人员的手，一步步变为现实。所以对作业台物料的摆放一定要施以管理，具体应达到以下要求。

（一）外包装物品不能直接上作业台

作业台本身就不大，只适合放一些物料、夹具、小型设备。若把物料连同外包装物品，如纸箱、木箱、发泡盒、吸塑箱等，一起放上台面的话，不但占地面积大，而且极容易产生各种粉尘。

（二）托盒、支架要合适

（1）选定合适的托盒、支架，将物料摆放在托盒或支架上，大件物料用大的，小件物料用小的。

（2）托盒、托台力求稳定化。托盒彼此之间相互串联，可有效增加拿取时的稳定性，也能节省台面空间。

（3）托盒、托台目视化。可在标贴纸上写清物料的品名、编号，然后贴在托盒、托台上，便于其他人确认。

（4）充分利用斜托板摆放物料托盒。

> **特别提示**
>
> 斜托板的使用是梯形摆放的进一步延伸，尤其是细小的又要单个摆放的零部件，使用斜托板摆放后，可大大提高取拿效率。

（三）控制好物料投放

分时段等量投入物料，不要一次投入当日所需全部物料，使得台面物料过多，无处摆放。

(四)物料摆放好

(1)两种大小不同的物料一起摆放时,小件的物料靠手跟前摆放,大件的放在外侧;取拿次数多的靠手跟前摆放,取拿次数少的放在外侧。

(2)相似的物料不要摆放在一起。尤其是外观上较难区分的物料一起摆放的话,极易用错,尽可能在工序编排时就将其错开。

(3)物料呈扇形摆放,可营造阶梯空间。扇形摆放,符合人体手臂最佳移动的范围,来回拿取时,不易产生疲劳。

(五)及时清理台面

及时清理暂时摆放在台面上的不良物料,不让不良物料在作业台面上过夜。

(六)即时清理堆积

堆积不仅使台面混乱,同时也是造成作业不良的主要原因之一。当堆积达到一定数量之后,要及时整理。

十一、妥善保管上线物料

企业生产过程中所需各种物料,一般都是按生产计划领用。由于生产线上没有物料库房,物料领回后,有的一时不能用完,但又无正规摆放场所,很容易造成腐烂变质、丢失损坏。为此,必须切实做好物料的临时收藏和保管工作。

(1)按生产进度及时供料,对项目各工序按工序配料卡片配拨。生产完成后,做到供料、退料手续齐全,账目清楚。

(2)对班组加工剩余物料应及时清理退库,或办理假退料手续,不得形成账外料。

(3)仓管员工作要做到日清、月结、季盘存、账、卡、物、资金四对口,按规定准确上报各种物料统计报表。

(4)严格工具管理,建立班组、个人工具卡片,按工具配备标准,执行交旧领新制度,对丢失或责任性损坏的工具按规定赔偿,对公用工具按借用制度执行,核对在用工具每季度与财务部门是否相符。

（5）劳保用品管理，必须建卡立账，按规定的标准发放。

（6）组织回收废旧料，落实生产线修旧利废计划，按月公布班组修旧利废节约成果，对不能修复利用的废旧料要及时上交。

（7）管好基础资料。各种原始记录、账本、单据、定额和计划统计资料，要做到图表齐全、准确，手续完备，装订规范，保管完好。

（8）定期组织物料盘点。

十二、处理好产品扫尾时的物料

（一）转换生产机种的物料处理

转换生产机种的物料处理主要由生产部负责进行，但必要时要求物料部配合。具体方法如下。

（1）生产部负责实施物料的撤除和清点等工作。

（2）对于剩余在生产线的量比较多的物料，生产部可以申请入库管理。

（3）物料部把申请入库的物料放置在机动区，待下次生产时优先发出。

（4）申请入库的物料一般不实施入账管理。

（5）对于产生的不良品同样实施入库，按不良品管理。

（二）完成订单批量的物料处理

生产中每完成一个订单的批量时，需要进行物料的扫尾工作，这个工作由物料部和生产部合作进行。具体方法是：

（1）生产部负责实施该批量全部物料的撤除和清点等工作。

（2）所有剩余在生产线的物料要列成清单，按剩余物料申请入库管理。

（3）物料部通知IQC检验申请入库的物料。

（4）检验合格的物料实施入库管理，不合格物料按不良品处理。

（5）物料部统计该批量生产物料的损耗情况，并编写报告书。

（6）这类入库的物料要实施入账管理。

（7）对于完工的不良品同样实施入库，按不良品管理。

（三）产品生产结束的扫尾方法

产品生产结束是指该产品已没有生产计划或订单，并且在今后比较长的时间内不会再生产。对这类产品要实施彻底扫尾，具体程序为：

（1）生产班组负责实施该产品全部物料的撤除和清点等工作。

（2）所有剩余在生产线的物料要列成清单，按剩余物料申请入库管理。

（3）物料部通知IQC检验申请入库的物料。

（4）IQC检验。检验合格的物料分成两类：通用物料和专用物料。对通用物料实施入库管理，入账后等待重新使用。专用物料入库后放置在机动区保管，如果保管一年后还找不到使用机会的话实施报废处理。IQC检验不合格的物料入库后按不良品处理。

（5）物料部统计该产品生产物料的损耗情况，并编写报告书。

十三、处理好生产中的剩余物料

（一）生产中的剩余物料产生原因

生产中的剩余物料是指因工作失误、改进工艺、发生设计更改和计划改变等情况而导致的在预定的计划期内无法再使用的物料。这些物料是现实存在的，但是已经不再使用了，所以，它们是完全多余的。从降低库存成本的角度出发，要尽快处理掉它们。

> **特别提示**
>
> 生产中的剩余物料既有非正常因素产生的，也有正常因素产生的。因此，产生剩余物料是不可避免的。

（二）剩余物料的处理方法

剩余物料也是花钱买来的，因此，首先要想方设法利用它，并且尽可能提高利用价值。

1. 常用处理方法

（1）凡是型号、规格相同的剩余物料可以申请按通用物料使用。

（2）凡是型号、规格相近的剩余物料可以申请按特采物料使用。

（3）凡是使用不了的物料应首先想到能否退还给供应商。

（4）凡是没法处理的比较贵重的物料，要在保管一段时间后再看看有无使用的机会。

2. 按废品处理

实在找不到使用机会的剩余物料按废品处理，有如下三类。

（1）因保质期、场地等因素限制，不宜继续保管的物料。

（2）没办法处理的一般物料，在预见的时期内也不会有用。

（3）已经保管一段时间后仍然找不到使用机会的比较贵重的物料。

第三节

成本控制注意事项

一、超量生产造成的无效劳动

生产超额完成任务、过多制造和提前生产，常被认为是好事，其实这是一种浪费，因为生产过剩的成品、在制品会堆满生产现场和仓库，增加了储存、运输、资金和利息支出。由于有了储备，还掩盖了生产过程的许多矛盾，可能使班组养成懒散的作风。具体来讲主要包括以下六个方面，如图7-4所示。

图7-4 超量生产造成的无效劳动

二、库存过多造成的浪费

不少企业认为库存是必要的,多一点储存多一点保险,但同时又发现库存过多,资金都积压在原材料、在制品和成品上,企业的利润有相当一部分被贷款利息抵消了。如果库存过久,原材料、成品等还会产生锈蚀变质,在加工或装配之前,又得花费很多时间去修整。在制品和库存物资需要很多人去清点、整理、整顿,这是一种人力的浪费。库存过多所造成的浪费具体如表7-11所示。

表7-11 库存过多造成的浪费

序号	浪费表现	具体说明
1	产生不必要的搬运、堆积、放置、防护处理、找寻等	当库存增加时,搬运量将增加,需要增加堆积和放置的场所,需要增加防护措施,日常管理和领用时需要增加额外时间,甚至盘点的时间都要增加,这些都是浪费
2	难以实现先进先出	当库存增加时,以铜管为例,新入厂的铜管压在原来的铜管上,先入库的要想优先使用,就必须进行额外的搬运。如果为省事,先使用新入厂的铜管,原来的铜管长期放置会带来质量等一系列问题
3	增加利息及管理费用	当库存增加时,用于生产经营活动的资金会大量集中在库存上,不仅造成资金总额增大,还会增加利息和库房的管理费用。而这些常常隐含在公司的管理费用中,只有专门列出,才能发现存在问题的严重性,进而正视它,并努力解决

续表

序号	浪费表现	具体说明
4	物品的价值会降低，变成呆滞品	当库存增加时，库存量会大于使用量，甚至会造成长期的积压，特别是当产品换型时，这种问题可能会变得更加严重
5	占用厂房空间，造成多余的工厂、仓库建设投资的浪费	当库存增加时，就需要额外增加放置场所。某工厂由于钢材等的增多，不得已新增了材料置场，新增加了投资，却没带来效益

三、等待造成的浪费

等待就是坐等下一个动作的来临，这种浪费是毋庸置疑的。造成等待的原因通常有：作业不平衡、安排作业不当、停工待料、质量不良等。

以制造部性能试验室等待电控盘为例，由于电控盘不能按要求及时入厂，有可能无法按期交货，而当电控盘入厂后，又需要抢进度，可能会出现加班、质量问题等。

另有一种就是"监视机器"的浪费，有些工厂买了一些速度快、价格高的自动化机器，为了使其能正常运转或其他原因，例如排除小故障、补充材料等，通常还会另外安排人员站在旁边监视。虽然是自动设备，但仍需人员在旁照看，特称之为"闲视"的浪费；又如在产品检测过程中，调试人员和核检人员站在产品旁边等待。

由于劳动分工过细，生产工人只管生产操作，设备坏了要找修理工，检查质量要找检验工，更换模具要找调整工，这些停机找人、等待都是浪费。在生产过程中，人操作机床期间，设备维修等那些非直接生产工人也都在等待。

四、搬运造成的浪费

搬运在工厂里是必要的，但搬运不产生任何附加价值。有些工厂平面布置、物流组织不合理，搬运路线过长，中转环节过多，这样不仅增加了搬运费用，还会在物体搬运中带来损坏和丢失，这些都是浪费。

五、动作上的浪费

工位布置不合理，使用工具和操作方法不得当，都会造成动作上的浪费。一个作业人员的劳动可以分成三个部分。

一是纯作业，即创造附加价值的作业。

二是无附加价值但又必需的作业，如装卸作业和搬运作业。

三是无效劳动，即作业中毫无必要的劳动动作。据美国工程师协会统计，纯作业仅占加工作业的5%，其他两项作业占95%，可见动作中的浪费比重之大。

六、妥善管理呆滞料

呆滞料是指长期未使用的物料。呆滞料管理不好，成本自然增加，所以必须妥善加以管理。呆滞料的管理要求如图7-5所示。

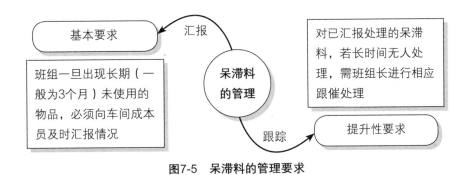

图7-5 呆滞料的管理要求

七、控制辅助材料成本

辅助材料又称为"副料"或者"副资材"，是指在生产中不构成产品的主要实体，却又必不可少的辅助性消耗物料，如油脂、胶水、封箱胶纸等。零部件的用量多少大家很清楚，但是辅助物料有哪些，用量多少却没有几个人清楚。其实也别小看辅助材料，其一旦短缺或者变质，造成的损失也难以弥补。班组长作为现场最直接的管理人员，该怎样管理辅助材料呢？

（一）使用量控制

要想管理好这类物料，首先一定要清楚使用量。哪些产品需要用它，台用量多少，月用量多少，这些一定要清楚地反映在台账中。

（二）厉行节约

即使是副资材，使用时也不能毫无节制。可以根据用量定额发放或者采用以旧换新的方法，防止浪费；对于一些容易污染环境的物品（如电池、氰化物容器），还要做好回收工作。

（三）简化领用手续

严格管理辅助物料，防止浪费的同时要确保能够方便员工在生产现场的工作。如领一双手套要填申请单，然后分别由班组长、主管、部门经理和仓库管理人员签字，才可以领到，这个过程既耽误了生产，又付出了远远不止十双手套的管理成本，得不偿失。不妨采用"柜台"或者"送货上门"的方式，做到"管理"与"方便"兼顾。

八、尽量减少边角余料

边角余料是指在某种产品生产加工过程中所产生的，不能为该产品所使用的较小的剩余物料。这些物料或者可以用在其他产品生产上，或者可能毫无用途。班组长不能将希望放在以后的回收利用上，而应该将工作重点放在如何使边角余料减到最少上面。

班组长应该对边角余料进行严格检查，对于数量过多、规格过大的边角余料应立即查明原因，并进行解决。边角余料过大、过多的原因有两种：

（1）人为因素，如作业方法不正确、对作业方法不了解、员工责任心不强。

（2）客观因素，如技术水平的局限、大的边角余料未再利用、产品质量要求高、物料品质差、物料规格不合适、设备问题。

> **特别提示**
>
> 班组长应对这些原因有所了解,能自己解决的尽量自己解决,不能自己解决的要尽快向上级反映,或向其他部门寻求解决办法。

九、物料挪用及替代

物料的挪用是指将生产某产品的物料,或者说是该产品的计划物料,用于其他产品的生产。"挪用"中使用的物料是相同的物料,当用不同的物料代替原有物料时,就叫作"替代"。

(一)决定是否替代

决定是否替代时,要考虑以下问题:

(1)所选用替代物料的质量与所需物料有何不同。如果品质比原来的物料差,会不会影响产品的质量;如果品质比原来的物料好,会不会造成产品成本增加,进而减少利润。

(2)有没有替代的必要性。如果存在以下的问题,那么就要考虑一下有没有替代的必要。

① 该产品是否可以停止生产。
② 是否可以等待物料到位后再生产。
③ 是否应该考虑重新进行产品设计以回避该类物料。
④ 是否可考虑由客户提供物料。

(3)替代后会不会对其他产品造成影响。如果替代物料是从厂外购进的,当然就不会存在这个问题,但如果是厂内其他产品生产所用的物料被拿来替代,就要考虑会不会对该产品的生产带来影响,从而造成恶性循环。

(4)替代物料规格的影响。替代物料的规格如果和原来的物料相差甚远,有可能会造成利用率的下降。

（二）替代后新物料检查

新物料投入使用之后，质量如何、利用率怎样、是否适合加工制作，都应该纳入巡视的内容。进行新物料使用情况的检查，应注意了解以下问题。

（1）新物料的性能是否稳定，是否适合产品生产的需要。

（2）新物料利用率如何，成本在什么范围内。

（3）新物料的供应情况怎么样。

（4）新物料是否是最佳的选择，还有没有更好的物料可以使用。

参考文献

[1] 张晓俭, 张睿鹏. 物料控制实操细节. 广州: 广东经济出版社, 2006.

[2] 李飞龙. 如何当好班组长: 世界500强企业培训教程. 北京: 北京大学出版社, 2003.

[3] 上海市总工会, 上海市企管协会编写组. 班组管理知识. 北京: 企业管理出版社, 1987.

[4] 李广泰. 杰出班组长之现场篇. 深圳: 海天出版社, 2005.

[5] 祖林. 班组管理从基础到技巧. 广州: 广东经济出版社, 2006.

[6] 潘林岭. 新现场管理实战. 广州: 广东经济出版社, 2003.

[7] 史长银. 全面现场改善. 深圳: 海天出版社, 2006.

[8] 杨剑, 黄英, 金小玲. 班组长现场管理精要. 北京: 中国纺织出版社, 2006.

[9] 李广泰. 生产部主管跟我学. 广州: 广东经济出版社, 2004.

[10] 徐明达. 现场管理十大利器: 生产主管必备的管理工具. 北京: 北京大学出版社, 2007.

[11] 邱绍军. 现场管理36招. 杭州: 浙江大学出版社, 2006.